外国货币史译丛　　　　　　石俊志 主编

ANCIENT JEWISH
CURRENCY HISTORY

# 古犹太货币史

雅可夫·梅塞尔　著

张红地　译

中国金融出版社

责任编辑：刘　钊　吕　楠
责任校对：孙　蕊
责任印制：张也男

**图书在版编目（CIP）数据**

古犹太货币史／（以）雅可夫·梅塞尔著；张红地译.—北京：中国
金融出版社，2019.2
ISBN 978 - 7 - 5049 - 8078 - 6
（外国货币史译丛）

Ⅰ.①古…　Ⅱ.①雅…　②张…　Ⅲ.①货币史—以色列—古代
Ⅳ.①F821.9

中国版本图书馆 CIP 数据核字（2018）第 274284 号

古犹太货币史
Guyoutai Huobishi

出版
发行　　中国金融出版社

社址　　北京市丰台区益泽路 2 号
市场开发部　（010）63266347，63805472，63439533（传真）
网 上 书 店　http://www.chinafph.com
　　　　　　（010）63286832，63365686（传真）
读者服务部　（010）66070833，62568380
邮编　　100071
经销　　新华书店
印刷　　保利达印务有限公司
尺寸　　155 毫米×230 毫米
印张　　12.25
字数　　161 千
版次　　2019 年 2 月第 1 版
印次　　2019 年 2 月第 1 次印刷
定价　　58.00 元
ISBN 978 - 7 - 5049 - 8078 - 6
如出现印装错误本社负责调换　联系电话(010)63263947

# 总　　序

货币史是经济史的重要组成部分。

货币史研究可以分为两种形式：一是关于古代货币本身的研究，在中国体现为《钱谱》《古泉谱》等民间著作，西方国家亦有各种《钱币目录》流传于世，这种研究被称为"钱币学"；二是关于古代货币发展历程的研究，在中国体现为历朝的《食货志》，以及近代学者撰写的货币史论著，西方国家亦有各种关于古代货币发展历程的专著。

近代数百年间，世界范围的社会史学出现了蓬勃的发展，结合古代钱币学的丰硕成果，促进了货币史学的崛起，各种货币史著作纷纷涌现，使我们能够在此基础上，开展进一步的研究。

研究货币史可以使我们同时获得两个方面的学术成果：一是货币学的学术成果；二是历史学的学术成果。研究外国货币史更可以使我们深刻了解世界各国的社会结构、历史演变和文化根源。

货币史学借助货币学与历史学学科交叉的方式，通过对古代各王朝货币状况的分析，深入探讨货币起源、货币本质、货币演变规律等货币理论，使货币理论从历史实践上获得更加坚实的基础。

此外，货币史学更重要的意义在于揭示历史真实，辨真伪，明是非，以史为鉴，面对未来。

古代各民族、各王朝的盛衰兴替，都有政治、经济、军事、文化等诸多方面的原因。然而，传统的政治精英史对于古代各民族、各王朝的败亡，多归咎于其军事失败或政治失败，很少分析其经济原因。

马克思主义主张：经济基础决定上层建筑。采取马克思主义的科学研究方法，分析古代各民族、各王朝的经济变化，才是找出其败亡原因的最佳途径。

从经济角度研究古代社会是一个比较可靠的视角。记述历史的人，大多难以摆脱其政治立场。因此，史书典籍中记载的帝王将相、社会精英们的政治、军事活动及其言论主张，多有虚假伪造。经历了后世历代王朝基于各种不同政治立场的人们的反复篡改，历史就变得更加扑朔迷离。然而，无论是伪造历史，还是篡改历史，都围绕着政治立场展开，很少在社会经济状况方面蓄意作伪。于是，从经济角度研究古代社会，我们就获得了一个比较可靠的研究视角。

无论在中国古代，还是在外国古代，货币是社会经济中枢纽带。货币发展对社会变化发挥着重要的影响作用。所以，研究外国货币史是拨开世界古代各国、各王朝盛衰兴替迷雾的"钥匙"。

然而，迄今为止，我国对世界各国货币史知之甚少，有关资料、书籍十分匮乏。为此，国民信托博士后工作站与华南理工大学货币法制史研究中心联手合作，针对世界各国货币史进行研究。在此基础上，我们邀请了一批国内金融学、法学、史学和外国语的专家学者，经过认真广泛的调查收集，筛选了一批外国货币史著作，翻译成中文，介绍给国内读者。

我们相信，这套《外国货币史译丛》的出版，对于我国货币理论研究，以及我国关于世界各国历史、政治、经济和文化的研究，具有一定的参考价值。

2017 年 4 月 16 日

# 简　　介

　　自 15 世纪以来，学界对犹太货币的兴趣越来越浓。起初是因为它们同世界以及《圣经》中记载人物的联系，后来则是作为对希腊—罗马式铸币研究的补充。对古钱币学的研究直到 19 世纪才开始根据科学依据进行，当时以莱维（M. A. Levy）、汉布格尔（A. Hamburger）、雷纳克（Th. Reinach）和拉法埃拉（S. Raffaeli）为代表的犹太学者积极关注这一课题，取得了一系列成果。

　　然而，当时关于犹太货币的主要研究成果仍然是由包括绍列（de Saulcy）、卡韦多尼（Cavedoni）、马登（Madden）、罗杰斯（Rogers）和伊尔（Hill）在内的非犹太学者完成的。实际上，直到犹太民族国家在其祖先的土地上重生后，诸如纳克思（M. Narkis）、赖芬贝格（A. Reifenberg）、克德曼（L. Kadman）等一批犹太学者才走上了学术最前沿，他们通过对犹太铸币学的深入研究极大地促进了这一领域的发展。从这时起，对犹太货币领域的研究实现了历史性突破，毫无疑问这是由来自以色列的犹太学者所主导的。对于任何一个全新且快速发展的学科来讲，在成功解决许多以往被认为难以解决的问题的同时，又会不断涌现出其他大量有待攻克的问题。

　　雅可夫·梅塞尔（Ya'akov Meshorer）先生毕业于希伯来大学，是以色列第二代钱币学家，而他对钱币学的兴趣自学生时代就已经开始。他极具研究热情，而且可谓独具慧眼，多次从其他研究者忽略之处有所收获。由他在耶路撒冷国家会议中心附近发现的以色列迄今为止最古老的货币——一枚古希腊四德拉克马银币正是得益于这一能力，而在此之前，无数人与之擦肩而过。与之类似的还有他发现的颇为独特的爱利亚加比多连硬币。外约旦的加达拉硬币上描述的海事符号和海战一直是他研究的主题之一。

雅可夫·梅塞尔先生通过对他的藏品进行系统检查，鉴定出多种迄今未知的品种，他的两枚耶胡德标本就是成果之一。以色列博物馆的古代钱币部门以及以色列国家钱币及贵金属集团从他对以色列货币整体以及犹太货币的深刻认识中受益颇多。最近几年以来，众多考古学家带着新发掘的单个或大量的古币向他寻求帮助，以求鉴定它们的具体年代。考古学家们希望获得古币所属年代的原因在于，一旦知晓古币所属年代，就可以进一步推断出古币所处的地层、构造或者墓穴的具体年代。这一方法为学者提供了客观的推断标准，而在以往研究中却从未被采用。在考古学研究和系统发掘工作中，出土物所属年代一般是由其所处位置及其他诸如文字记载或钱币等证据推断出来的。

在当前的研究工作中，雅可夫·梅塞尔先生另辟蹊径，摒弃一切先入为主的观念，极力避免囿于学界已有的观点。他的方法是将研究重点集中于硬币本身，从它们的外形、设计和铭文出发，并辅之以适当的史料。在本书所呈现的研究成果中，有些地方可能令人吃惊，这其中的部分观点在学界甚至颇具颠覆性。

我们首先需要放空自己，避免受先入为主的概念影响，这样才能更好地理解作者提出的观点。我相信本书一定会引起以色列国内外古钱币学界对相关问题进行大量的讨论和辩论。这样的结果对各方都是极好的。就像哈玛·巴尔·哈尼纳（R. Hama bar Hanina）所说的，"正如金属相互摩擦之后更显光泽，学者之间亦然"。

**1966 年 6 月 24 日**

迈克尔·阿维约纳

**考古学教授**

**希伯来大学，耶路撒冷**

# 前　　言

　　我们对犹太民族历史和文物的更深刻的认识和了解在很大程度上受益于近年来完成的众多研究成果。

　　过去二十年间，在以色列及其邻国间进行的考古工作出土了大量古币，为公众和私人收藏增添了众多标本。而其中也存在着一些世人所陌生的古币，而现有文献却从未提及。因此，如何描述这类尚未被研究的古币成为当下最为现实的需求。

　　在这样的背景下，也基于我们对犹太民族历史更为拓宽的认识的条件下，当前工作的目标应该是在呈现最新研究成果的同时，对许多长期以来被认为"有问题的"许多古币学特征进行新的阐述。因此，读者在此可以获得此前类似研究无法提供的大量翔实资料。

　　在本书成文期间，我得到了来自各方的帮助。众多私人和公众收藏品展现在我面前供我研究，在此，我向所有允许我研究藏品的收藏者们道一声谢谢。没有他们的支持和配合，本书将无法呈现在您的面前。

　　我万分感激我的两位老师——约纳（M. Avi - Yona）教授和斯特恩（M. Stern）教授在研究期间给予的大量帮助。他们还非常仔细地阅读了我的初稿并提出了许多非常宝贵的建议。

　　我还要特别感谢神父斯派克曼（A. Spijkerman）、兄弟会（O. F. M）和金德勒（A. Kindler）先生，他们非常慷慨地向我分享他们广博的古币学知识和经验。

　　若不是以斯帖·赖芬贝格（Esther Reifenberg）女士将已故丈

夫赖芬贝格教授的藏品——全世界最完整的以色列货币收藏之一借给我以供研究并作为本书的重要基础，我将不可能完成汇编详细目录的工作。因此，本书目录提及的大部分硬币均来自赖芬贝格教授的藏品。

本书仅仅是以色列钱币学的概览性研究成果，在任何情况下都不可能作为完整的总集。因此，读者无法在此找到所有现存的硬币变体，对这类变体的介绍还请移步至各类古币专有的总集。不过本书还是挑选出了一些具有重要意义或特征的变体进行了介绍。

在早期学者对以色列货币具有重大意义的研究中，大多没能配上照片或绘图。在本书中，由于获得这些钱币的照片或石膏模型的条件已经成熟，并能够有助于确认它们的身份，我尽量把这些素材收录进来。然而不幸的是有些硬币早已完全失去踪迹，因此这类硬币标本已经无法找到，我也只好把它们略过。我不希望跳过对这些硬币的深入研究，而仅仅摘抄其他人的研究结果。事实表明，这类硬币大多早已流失或是与描述存在出入。

本书所提及的大部分硬币都配有复刻品。我尽力挑选了那些上乘品相的标本，以方便读者们仔细品味硬币的细节。在此由衷感谢金德勒先生和达林·阿莫特·泰诺大（Dalian Amotz – Tcheruobroda）女士在硬币摄影工作上的帮助。

本书英文版对希伯来语原版进行了部分补充和修改。我在此深深地感谢莱文（I. H. Levine）博士所做的工作以及在本书翻译过程中的建议。

在本书成文过程中，我曾多次与主流观点相左并被建议修改，其中几次更是被认为是离经叛道，但是我不忘最初促使我这样做的原因。我坚信那些在未来即将被发掘的单枚古币或钱币窖藏能够给我们当前存在争议的问题带来更为全面的认识。

**1966 年 9 月**
**雅可夫·梅塞尔**
**耶路撒冷**

# 转　　译
# TRANSLITERATION

在翻译希伯来语文字和名字时，适用于以下体系。

| א | ’ | 但是不出现在单词首尾 |
|---|---|---|
| ב | b | |
| ב | v | |
| ג | g | |
| ד | d | |
| ה | h | 强希伯来语由双倍字符表示。弱希伯来语除了 ב, כ 和 פ 不显示。 |
| ו | w | |
| ז | z | |
| ח | ḥ | |
| ט | ṭ | |
| י | y | |
| כ | k | |
| כ | kh | |
| ל | l | |
| מ | m | |
| נ | n | |
| ס | s | |
| ע | ‘ | |
| פ | p | |
| פ | f | |
| צ | ẓ | |
| ק | q | |
| ר | r | |
| שׁ | sh | |
| שׂ | s | |
| ת | t | |
| ת | t | 除了 בית：希伯来语的第二个字母 |

ָ  ◌ֳ  ◌ְ  a
ָ  וֹ  ◌ֻ  o
ֶ  ◌ֵ  ◌ְ  e
ֱ  ◌ִ  וּ  u
          i

# 缩　　写

| 缩写 | 英文 | 中文 |
|:---:|:---:|:---:|
| AJ | Jewish Antiquities | 犹太文物 |
| BA | Biblical Archaeologist | 圣经考古学家 |
| B. C. E. | Before the Common Era（= B. C.） | 公元前 |
| BIES | Bulletin of theIsrael Exploration Society | 以色列勘探协会公报 |
| BJ | The Jewish War | 犹太战争 |
| B. M. C. | British Museum Catalogue | 大英博物馆目录 |
| C. E. | Common Era（= A. D.） | 公元后 |
| grm. | gramme | 克 |
| IEJ | Israel Exploration Journal | 以色列探索杂志 |
| inscr. | inscription | 刻印文字 |
| 1. | left | 左 |
| mm. | millimetre | 毫米 |
| n. s. | new series | 新系列 |
| obv. | obverse | 正面 |
| Pl | plate | — |
| r. | right | 右 |
| rev. | reverse | 反面 |
| R.（text） | Rabbi | 拉比 |
| R（catalogue） | rare | 罕见 |
| RR | very rare | 非常罕见 |
| RRR | extremely rare | 极为罕见 |

# 目　录

# 第一部分 历史背景

### 第一圣殿时期的结束

公元前 586 年，巴比伦人摧毁了耶路撒冷第一圣殿并将犹大居民囚禁于巴比伦。犹太民族编年史中难忘的一章落下了帷幕。

### 波斯时期

波斯皇帝居鲁士大帝于公元前 538 年征服了巴比伦王国，并颁布公告允许被放逐的犹太人回到以色列。在被囚禁于巴比伦整整两代人的时间后，许多犹太人回到故土重建家园，但已无力恢复其往日的辉煌，毕竟这需要不同的历史环境。尽管如此，在公元前六世纪至公元前五世纪回到锡安的第一圣殿时期的犹太后人，与当时的精神领袖如哈该、撒迦利亚以及后来的以斯拉和尼希米等人，对整个第二圣殿时期产生了非常巨大的影响。

一场内战标志着这一时期的开始。这场内战的一方是没有被巴比伦王国放逐而留在以色列的"葡萄园丁和农夫"，另一方是才从巴比伦回到犹大不久的新移民。第二圣殿的建造工程（公元前 519 年—公元前 515 年）也因内战而受到影响。

在波斯王亚达薛西一世（Artaxeres I，公元前 465 年—公元前 424 年）统治时期，犹大自治省拓展了领地，新领地北起法莲山地，南至犹

1

大山地，还覆盖了包括多比雅领地在内的约旦河外以东的领土。

伴随公元前五世纪至公元前四世纪犹大发展的是地中海沿岸腓尼基人滨海城市的兴起。受益于军事和经济实力的提振，位于北部的西顿和提尔以及南部的加沙的地位得到了很大提升。同时期，希腊和小亚细亚的关系也有了很大提升。

**希腊文化的传播**

犹大毋庸置疑地受益于这些经济环境的变化并取得了蓬勃发展。东部城邦和城市的发展壮大与同期波斯帝国的日渐衰落，为大马其顿的亚历山大征服波斯铺平了道路。在公元前 332 年亚历山大征服以色列后，犹大的政治和文化领域发生了一系列深远变化。这一变化主要表现为希腊文化在东部地区的传播，而希腊化时期同样在以色列的犹太人定居点留下了印记。这类印记可追溯到现如今犹太人的部分宗教传统以及希伯来语，《犹太米示拿法典》尤为突出，其中大量表述都源自希腊语，而希腊语当时是东部地区的主要语言。

公元前 323 年，亚历山大大帝去世，在此后的数场战争后，一批分散的强权国家逐渐形成，其中埃及的托勒密王朝尤其重要；塞琉古王国疆域已达叙利亚、美索不达米亚以及小亚细亚及印度的部分地区；与此同时，马其顿这个昔日的征服者仍然是强权国家之一。

**托勒密王朝统治下**

犹大自公元前三世纪早期开始受埃及的托勒密王朝统治，这一世纪见证了经济和文化的蓬勃发展。东部地区出现了大量新兴城市，其中许多成为重要的经济中心。那时，希腊文化在东方成功地在各个阶层渗透，并在宗教、舆论以及风俗方面留下印记。一个将东西方宗教、文化混合的过程开始在整个王国发生。

为了使亚历山大城的大图书馆更加辉煌，当时开明的托勒密国王托勒密二世（公元前 283 年—公元前 246 年）送给耶路撒冷的圣殿大量珍贵礼物和祭祀容器，并邀请耶路撒冷的长老为他翻译《圣经》，也就是为后人所熟悉的《圣经·旧约》的希腊文版本。托勒密王国非常重视同以色列在政治、经济方面的合作。两地间有着非常重要的贸易往来，以色列制造的橄榄油因质量上乘而颇受好评，是当时出口埃及的主要商品之一。

犹大的居民非常享受自波斯时期遗留下来的内部自治传统。他们在耶路撒冷的神庙里组织内部生活，自主管理内部机构，其中最主要的是长老会、大祭司、人民大会。犹太人的领导者们有权在犹大按摩西五经执法，并从以色列人定居点驱逐异端。就连希腊政权都将对摩西五经的执行视为犹太社会的重要组成部分，同时也是每个犹太人的义务。在前文提及的三个重要机构中，最重要的是长老会，希腊人又称为元老会议，主要由贵族和杰出牧师组成。长老会还作为外国统治者与人民之间的中间人。正因为如此，托勒密四世菲路帕德在拉斐亚战役获胜之后（公元前 217 年）与长老会而不是与大祭司进行谈判，尽管存在长老会的主席是某位大祭司的可能性。

### 塞琉古王朝治下

第五次叙利亚战争（公元前 198 年）的历史影响之一是塞琉古王朝取得了对以色列的控制权，因此，其统治者也从希腊人变成了叙利亚人。

塞琉古王朝在公元前二世纪对以色列的统治，交织着各路新势力的崛起——西部的罗马、北部的亚美尼亚、东部的帕西亚以及塞琉古帝国自身的衰落。塞琉古王朝公元前二世纪的强悍统治者之一安提阿古四世伊比凡尼极为重视以色列的作用，因此，为了巩固对犹大的统治，他总是会毫不犹豫地插手犹大内部事务。他废黜了耶路撒冷的大祭司安尼亚三世，并安排他的兄弟杰森上位，这一行为明显得到了以色列上流商界的支持。杰森作为耶路撒冷希腊化犹太教的主要领导人之一，应该对当时传统犹太教与希腊化犹太教之间冲突的公开和破裂负责。此时，耶路撒冷修建了健身场所供贵族们进行体能训练及文化交流活动，这也是沿袭了希腊的传统。

安提阿古四世伊比凡尼对杰森的工作并不满意，他于公元前 171 年将大祭司的位置交给了梅涅劳斯，此人并非出身煊赫大祭司家族，但却已准备好向塞琉古王朝展现无限忠心。他提高税收、搜刮神殿宝库的政策，最终激起了耶路撒冷的一场针对他自己和塞琉古王朝统治的起义。这一事件在犹太历史中被称为安提阿古伊比凡尼统治下的宗教迫害时期，《马卡比书》的第一卷和第二卷详细记载了这几年的事件。

### 哈斯摩尼叛乱

犹太人民与外国统治者间不断恶化的关系最终导致了犹太祭司玛他提亚领导哈斯摩尼人的公开反叛。

在战事中，塞琉古帝国为镇压叛乱派出了装备精良的部队，但最终被犹大·马加比（Yehudah Maccabaeus，公元前 166 年—公元前 161 年）率领的犹太部队击败。马加比在公元前 164 年贝特族尔大捷后取得了对耶路撒冷的控制，并重建圣殿供神使用。

### 哈斯摩尼王朝

到目前为止，虽然哈斯摩尼家族既没有在以色列建立完整的犹太人政权，也没有完全摆脱塞琉古帝国控制以实现民族独立，但至少哈斯摩尼家族已经实际推翻了塞琉古帝国的压迫统治。在随后的几年里，哈斯摩尼家族在以色列不断收复城镇和领地，而塞琉古帝国却陷入了内部德米特里厄斯二世、亚历山大巴拿斯、安条克七世西顿人以及特里丰之间的政治斗争导致国力日下，无疑促进了哈斯摩尼家族的事业。为了争取到哈斯摩尼家族第一代中的最后一人——西门的支持，安条克七世和特里丰赋予其大量特权。亲希腊阵营的变节，犹太人与其他反哈斯摩尼政权的残余势力一道，在耶路撒冷的阿克拉城堡负隅顽抗。直到公元前 141 年阿克拉城堡的成功收复，才真正标志犹太人在哈斯摩尼王朝统治下实现了独立。公元前 135 年西门遇刺，意味着第一代哈斯摩尼家族领导的哈斯摩尼征战时期的结束。

西门遇刺后，人民大会决定由西门的后嗣继承最高军事指挥官和大祭司的职位。自此以后，一切任命都由犹太人经过决议独立做出，塞琉古王朝已不能再施加任何影响。

　　西门的儿子约翰·西卡努斯延续了其父亲的对外扩张政策。他为了保持对犹地亚地区以外如雅法、基色等地的控制而向当时塞琉古帝国的统治者安条克七世朝贡，一直持续到公元前 129 年安条克七世去世。当时犹大王国与罗马签订了一项友好条约，大大巩固了其在东部地区的势力范围。

　　哈斯摩尼王朝扩张领土的方法之一是侵占那些在以色列境内皈依犹太教的非犹太人居住的地区。约翰·西卡努斯对以土利亚人就是如此，他们在被犹太教同化后，再也无法以独立的民族主体和宗教主体存在。约翰·西卡努斯之子约翰·阿里斯托布鲁斯对北部的以土利亚人也用了同样的方法。公元前 103 年，约翰·阿里斯托布鲁斯去世，亚历山大·詹尼亚斯继位成为王国的统治者。在他就位期间，国内各大派系的政治热情被重新点燃。亚历山大统治下的哈斯摩尼王朝更加频繁地进行对外征战，其控制领土面积居整个第二圣殿时期诸位国王之首。值得一提的是，当时塞琉古帝国皇帝安条克八世和安条克九世的软弱无能间接促进了亚历山大领导的领土扩张活动。此外，亚历山大向西的扩张活动并没有止步于以色列地区的西部边界。他在占领了大部分海滨城市后，继而向约旦河外以北地区扩张，赢得了多场与纳巴泰人的战斗并占领众多重要城镇。在大部分亚历山大国王占领的城镇中，希腊化居民占据了人口结构中的较大比例。比如在哈斯摩尼王朝对外征战早期被征服的闪族部落，后来都被强制要求改信犹太教。到亚历山大国王晚年，哈斯摩尼王朝幅员辽阔，唯有第一圣殿时期早期可以与之相提并论。

　　公元前 76 年亚历山大国王去世后，皇后撒罗米·亚历山德拉虽然没有再发动新的征战，但她雇用一支规模巨大的雇佣军以维持现状的行为，在某种程度上还是延续了她丈夫的外交政策。

　　撒罗米皇后统治期间，国内政策发生了一些影响深远的变化。此时国家实质上已经被以色列国内两大派别之一的法利赛人所掌控。他们不遗余力地推广法利赛教派法律的实施。《塔木德》把这段时期称为第二圣殿时期的黄金年代。不过法赛利人的统治并没有持续太久。

**罗马统治下**

撒罗米·亚历山德拉去世后，她与亚历山大·詹尼亚斯的小儿子约翰·阿里斯托布鲁斯二世凭借杰出的智慧和旺盛的精力成为撒度该派领导者，并控制了国内数座堡垒和战略要地。根据他和哥哥约翰·西卡努斯二世的协议，他将同时担任大祭司和国王的职位。然而这一协议不久之后就被撕破，两兄弟为争夺权力爆发了激烈的内战。西卡努斯二世与纳巴泰王国国王阿雷塔斯签订协议，后来又获得了以土利亚人安提帕特的支持，而后者就是注定要在以色列大地建立新王朝的希律王的父亲。除了这些当地盟友，西卡努斯二世还获得了罗马人的帮助。罗马人希望通过支持这个未来非常可能效忠罗马的人来拓展其在东部地区的影响力。庞培起初支持阿里斯托布鲁斯二世，随后转而支持西卡努斯二世，并在公元前 63 年进攻耶路撒冷并占领圣殿山，阿里斯托布鲁斯二世最终向罗马臣服。自此，罗马帝国统治下的犹地亚时期正式开始。

西卡努斯二世因配合罗马人工作，重新获得了之前被弟弟剥夺的大祭司一职。庞培将众多加达拉、加沙这类犹大王国控制的地区恢复自由或给予自治权，并任命加比尼乌斯为叙利亚总督，负责监督管理犹地亚地区。加比尼乌斯把以色列划分为五块区域，这样便于利用犹太基层政权向罗马征缴税款。这一做法与此前庞培要求罗马相关部门直接向犹太人征税的做法相比更为缓和，也算是一种让步。当实践证明西卡努斯的政策有助于增进罗马人和犹太人之间的合作之后，罗马人赋予其更大的权力。公元前 47 年，尤利乌斯·恺撒授予西卡努斯行政长官的职位。

在西卡努斯晚年，安提帕特在哈斯摩尼郡掌握重要职位，势力不断增强。虽然他所发挥的具体作用仍未揭晓，但从目前掌握的证据来看，他应该负责管理西卡努斯的财政事务，同时也是由西卡努斯而非罗马人任命的"摄政王"。安提帕克向罗马方面展示了他毫无保留的忠诚，他因对罗马统治者的绝对顺从而著称。他任命大儿子法赛尔统治耶路撒冷，小儿子希律统治加利利。公元前 43 年，安提帕特遇刺身亡，他的两个雄心勃勃的儿子随即开始反抗西卡努斯二世的权威。希律比他哥哥更为自命不凡，在治理加利利期间，他无视西卡努斯的警告，借助与叙利亚邻近的地理优势与罗马驻叙利亚总督建立了友好关系。

**希律王朝**

公元前 40 年，阿里斯托布鲁斯二世之子安提柯与帕提亚人达成协议联手进攻耶路撒冷，挑起了同希律和西卡努斯二世的战争。安提柯成功控制了耶路撒冷并宣布成为国王。法赛尔和西卡努斯二世都被帕提亚军队俘获，前者据说自杀身亡，后者则被割掉耳朵使其没有资格再任大祭司。希律被迫携家眷逃离至以土利亚人控制的地区以躲避追兵。希律在马萨达堡垒躲避一阵子后，取道亚历山大港抵达罗马，在那里取得了皇帝的信任并被任命为犹地亚国王。接下来，他击败了哈斯摩尼王朝的拥护者，成功征服了以色列。公元前 37 年，希律的军队经过 5 个月的围困最终占领了耶路撒冷。安提柯这个哈斯摩尼家族最后的统治者，虽然全力抵抗来自罗马的强大军队以及希律的支持者，但最终仍没能逃出战败和被斩首的命运。凭借罗马帝国的帮助而将哈斯摩尼王朝残存势力清除干净后，希律王统治犹地亚地区长达 44 年之久。

为了维系在耶路撒冷的统治，希律不得不任命其他贵族家族成员替代那些对他不忠诚或已被他杀害的前任们，这些新贵大部分都是来自巴比伦、埃及等地离散他乡的犹太人。这些新贵族们对希律绝对忠诚并对人民开诚布公，他们极大地提升了希律在广大犹太群众中的社会地位，并使他可以在这些新贵族中任命受人民信任的大祭司。希律王一改之前哈斯摩尼王朝的做法，同国内众多不同群体、派系建立了广泛的联系——如他本身所属的以土利亚人系和他妻子玛泰斯所属的撒玛利亚人系。他还与众多在以色列生活的希腊人建立了友谊，并且同国内各个阶层均保持良好关系。

希律王毕生功绩显赫，其中，建造辉煌建筑以及向以色列之外的城邦赠送礼物占据了很大一部分。此外，还包括在以色列及外约旦修建或重建的诸如希实本、加巴、安提帕提、撒玛利亚以及恺撒利亚等城。他甚至还以更大的规模重建了耶路撒冷的圣殿以更好地祭祀神明，扩大城市规模并新建大量建筑。因此,希律统治时期无疑是耶路撒冷这座城市最为辉煌的时期之一。

然而这一切并没有为希律赢得犹太民众的爱戴,民众对他的仇恨反而与日俱增,愤怒一直积压到公元前4年希律去世的这一天,最终爆发了公开叛乱。这场叛乱被叙利亚总督瓦鲁斯指挥的罗马和纳巴泰联军残酷镇压,在犹太文献中被称为"瓦鲁斯之战"。

奥古斯都按照希律遗嘱的意愿把犹大王国分给希律的三个儿子——阿基劳斯为犹地亚、以土利亚和撒玛利亚的统治者;安提帕斯为加利利和外约旦(如今被称为佩里亚地区)的统治者;而小儿子菲利普继承了希律王国北部大部分地区。

### 罗马行政长官

当安提帕斯和菲利普在各自领地不断巩固威望的同时,阿基劳斯却因为疏远人民而受到犹地亚人民的敌视。公元6年,罗马国王在收到大量对阿基劳斯的诉状之后将其放逐出境,同时任命康伯纽斯为犹地亚地区的行政长官。

从此往后的几十年间,以色列地区实际上被三方势力所控制——希律的两个儿子和取代阿基劳斯控制犹地亚、以土利亚和撒玛利亚地区的行政长官。耶路撒冷的地位不断下滑并且不再是地区首府,此时的首府被罗马行政长官所在的恺撒利亚取代。此时的以色列听命于罗马叙利亚总督,主要负责提供财政上的支持。犹地亚人民起初非常欢迎罗马派来取代阿基劳斯的行政长官,然而一段时间后形势却开始不断恶化。

犹太居民与罗马行政长官之间的矛盾不断激化,最终因康伯纽斯查抄圣殿财产以修建新建筑等命令而完全爆发。他的一系列政令都说明他并没有充分考虑犹地亚地区人民的情绪。撒玛利亚的居民同样苦于其苛政,并向罗马驻叙利亚总督维特里乌斯请愿。总督最终将康伯纽斯从行政长官一职上撤下,并将其遣送回罗马向皇帝当面汇报情况。马塞勒斯接任行政长官一职。

以色列在这段时期发生了一些对后世影响深远的精神领域的变化。

基督教在此时正式开始传播，耶稣和他的追随者们让更多人皈依他的教义。此外，还有许多其他犹太教派也活跃在犹地亚沙漠上，以特有的方式生活。

在犹地亚出现的各种新教派是当时社会和宗教领域频繁动乱的产物，而其中部分甚至可以追溯至哈斯摩尼王朝时期。

公元 37 年，罗马人授予希律和米利亚的孙子亚基帕一世更多权力以助其巩固地位，其中包括菲利普的北部领地和国王的称号。公元 39 年安提帕斯被废黜后，其领地全部归亚基帕统治。而两年后的公元 41 年，克劳狄成为新任罗马皇帝，亚基帕又被授予整个以色列地区的国王，这使得以色列在大希律王之后再一次被一个国王统治。

希律家族对罗马当权者展现出高度忠诚，而他们的努力也没有白费。希律的子嗣们被授予了各种特权以进一步确保他们对罗马方面的忠诚。正因为如此，希律的一个孙子，同时也是亚历山大和卡帕多西亚国王女儿的儿子成为亚美尼亚的国王。希律家族的另一个后人统治着西里西亚地区。亚基帕一世的哥哥希律，被任命为黎巴嫩卡尔基斯的国王，而这个希律的儿子则成为小亚美尼亚的国王。来自众多国家的王子或公主同希律的后人通婚，而他们都必须先改变信仰，成为犹太教的信徒。埃米萨国王为迎娶亚基帕一世的女儿德鲁希拉就是一个例子。

亚基帕一世早年对罗马忠心耿耿，到了晚年却逐渐成为犹太民族主义的领导者，他甚至开始表现出反罗马的态度。亚基帕多次介入干预罗马政权，劝服罗马皇帝盖乌斯·卡利古拉废除其对犹地亚的众多压迫政策，他的这些举动使得在希律王朝统治时期，第一次实现了国王与子民的相互信任。在亚基帕一世之后的多位行政长官中，大多数都毫不犹豫地无情镇压敢于反抗罗马权威的造反居民，行政长官与人民的关系再次日趋紧张。

与此同时，亚基帕一世之子亚基帕二世陆续得到了以色列北部的多个地区，其中包括早期的卡尔基斯和后期取得的外约旦以北地区以及加利利。他甚至还在耶路撒冷担任过一段时间的公职，负责圣殿的监管等工作。

**犹太反对罗马的战争**

当犹太人民与罗马行政长官的矛盾积累到顶点后，犹太人民反抗罗马统治的战争爆发了。亚基帕二世明确表示了亲罗马立场，并且尝试运用其在犹太人中的影响力结束战争。他先后帮助维斯帕先和提图斯这两位罗马皇帝镇压犹太人的反抗。包括特里基亚、提比里亚和加玛拉等在内，加利利和外约旦地区许多此前忠于亚基帕二世的城市纷纷倒戈加入起义大军，而亚基帕二世此后不得不借助罗马人的军队重新征服他的王国。他把众多自己领地的居民当作奴隶卖掉，对叛军更是冷酷无情。随着公元70年耶路撒冷的摧毁，亚基帕二世在犹太人中的影响力已经完全崩塌，罗马人赐予他大片领地和荣誉也无济于事。亚基帕二世的统治维系了很长一段时间，有观点认为一直持续到图拉真时期。他的具体死亡时间至今仍未确定，大致在公元94年—公元100年。

**第二圣殿时期的结束**

犹太反叛力量为争取自由与罗马军团进行了漫长而艰苦的战斗，然而公元70年圣殿被毁，第二圣殿时期至此结束。反叛力量的残存势力凭借非凡的勇气坚守马萨达城堡，在继续抵抗一段时间后终不敌罗马军队，放弃斗争。

大部分居住在以色列的犹太人把耶路撒冷的毁灭视为上帝的判决。耶路撒冷的一些贤士来到犹地亚和加利利等地，他们建立了犹太法典学院并传授摩西五经。在这一时期，政治和国家独立的重要性让步于更具有现实意义的文化复兴，以此作为耶路撒冷和圣殿的替代品。尽管以色列各地的犹太法典学院和律法学院不断发展壮大，犹太人的定居点也紧密围绕着这些学院，然而实现政治独立仍然是大部分以色列犹太人的共同愿望。他们期待着"邪恶的罗马帝国"在神力或人力的打击下分崩离析，然后他们就能够重建往日的辉煌。

在著名的巴尔·科赫巴之战之前的公元115年末或公元116年初，还爆发了一场规模巨大的犹太叛乱，这场叛乱几乎遍及整个罗马帝国的犹太人定居点。这场发生于罗马图拉真皇帝统治时期的叛乱被称为"寂灭之战",起初战事非常顺利,犹太反叛力量一度控制了整个古利奈行省以及埃及多地。犹太军队在塞浦路斯也取得了短暂的胜利。然而,随着哈德良登基当上了罗马皇帝,这场叛乱遭到了血腥镇压,而犹太人的地位再次被削弱。经此一役,犹太人独立的希望受到打击,但这一影响并没有持续多久。

### 巴尔·科赫巴之战

"寂灭之战"战败带来的不满以及拒绝接受失去圣殿和耶路撒冷的事实,又一次在犹太人民不断酝酿的紧张局势中表现出来,而其中的大部分很可能是由犹太法典学院和律法学院煽动起来的。

公元132年,由巴尔·科赫巴领导的起义爆发。他在早期取得了惊人的战果,强大的罗马军团多次被科赫巴的军队击败,广大犹太人的希望重新被点燃。这场起义直到公元135年一支罗马大军集结于以色列后才被成功镇压。从此以后,犹太教只得囿于四肘大小的摩西五经教义之中,而世俗的耶路撒冷被天国的耶路撒冷所取代。

此后的几个世纪里,以色列犹太人潜心为《密西拿》一书收集材料,成书后成为口传律法体系的重要构成。这一工作是公元200年左右在耶胡达王子主持下编写完成的。

在这一时期,犹太人的离散程度明显增大,以色列境内的犹太人定居点越来越少,而这一进程在公元4世纪基督教成为罗马帝国国教后更为明显。

# 第二部分　波斯时期的硬币

## （公元前 4 世纪）

波斯对以色列的统治起于公元前 6 世纪末，结束于公元前 332 年亚历山大征服以色列，在此期间古代以色列第一次出现了真实流通的硬币。

在这一时期刚刚开始的公元前 6 世纪，以及随后的整个公元前 5 世纪，以色列只使用来自希腊、腓尼基等外国城市或地区的硬币。

根据现有资料，以色列境内仅发现了两枚来自公元前 6 世纪的硬币，其中出土于示剑地区的那一枚硬币来自希腊的萨索斯岛[1]；另一枚是在耶路撒冷出土的雅典硬币[2]。虽然我们已在以色列发现了大量公元前 5 世纪的硬币，但目前还没有明显可信的证据显示当时的以色列存在造币厂并开始自行铸造硬币。

在此需要说明的是，虽然我们已经在以色列（主要是加沙地区）发现众多同期的非利士—阿拉伯硬币[3]，但本书并没有对其进行探讨。这些硬币的总体设计和其他特征与以色列耶胡德硬币非常相似，而且在

---

[1]　莱特（G. E. Wright）. 示剑：世界的中心. 圣经考古学家，1957（20）：27，图 10.

[2]　梅塞尔. 来自耶路撒冷的阁楼古硬币. Atigot，1961：185，第 6 号硬币.

[3]　伊尔. 大英博物馆目录：巴勒斯坦. 伦敦，1914.

时间上同属于公元前 4 世纪而不是之前所认为的公元前 5 世纪。

在上述两种硬币被铸造的同一时期，耶路撒冷铸造了一批尺寸很小的银币，这是在波斯统治下的犹大行省和耶胡德行省的批准下进行的。这些硬币模仿了希腊硬币的设计，并且刻有古希伯来语的"耶胡德"字样（详见第 1 号硬币）。虽然图片略有模糊，但我们更倾向于这些硬币是犹太自治政权在波斯统治者的同意下铸造的。原因在于，如果这些硬币是当时犹太人自行铸造的，那么毫无疑问他们会铸造更大尺寸的硬币。

此外，第 2 号硬币上刻着的"Yehizqiyyah"或"Yehizqiyyo"显然是下令铸造这些硬币的当权者的名字。目前对 Yehizqiyyah 的具体身份存在争议，一些人认为他与 Yehizqiyyahu 同是波斯帝国统治时期末期的大祭司，并且见证了亚历山大大帝征服耶路撒冷[1]。

我们对 Yehizqiyyah 的了解大部分来源于古罗马历史学家约瑟夫斯[2]，他称 Yehizqiyyah 是托勒密一世的一位朋友。奥尔布莱特认为正是托勒密一世授权他进行铸币工作[3]，但若果真如此的话，又无法解释硬币上刻着的波斯省份的名字以及所采用的在托勒密王朝并不通用的面额。

我们确信第 3 号硬币与第 2 号硬币采用了相似的处理方式，他们都只在硬币的一面刻上了"耶胡德"字样，不过第 3 号硬币把"Yehizqiyyo"的名字换成了一些闪米特语文字。

在这组硬币中最有意思的可能属第 4 号硬币，虽然也刻有"耶胡德"字样，但是与前三枚的犹太字体不同，这枚硬币使用的是阿拉姆语。第 4 号硬币另一个不同寻常的特点是它的重量是前三枚硬币的近十倍，采用古希腊德拉马克作为货币计量单位。把这两个特点与前三枚硬

---

[1]　塞列尔（O. R. Sellers）. 贝特尔族的城堡. 晋城，1933.

[2]　约瑟夫斯（Josephus）. 反抗阿皮安. 187 – 189.

[3]　塞列尔. 贝特尔族的城堡. 晋城，1933.

币相比较，我们可以初步认定这枚硬币不是由犹太人所铸造，而是由在耶胡德省的波斯官方铸造的，因此，它才印有作为波斯帝国官方语言之一的闪米特语的文字。这样不仅解释了为何第四枚硬币的铸造者竟敢如此"大胆"地采用更高面值的德拉马克，也让我们明白了它采用如此异教徒的设计风格的原因。

硬币的正面是一个佩戴头盔的头像，西克斯[①]认为这个头像与玛尔美提硬币所铸的叙利亚神 Hadranos 一样。硬币背面的设计对犹太艺术和宗教领域的学者以及货币学家而言，一直是个争议性话题——一位神坐在带翼的战车上，手举一只猎鹰，在前面最显眼的地方还有一副面具。这个设计带有明显的异教徒风格。虽然各种迹象显示这枚货币是由犹大的波斯当局铸造的，但我们尽可能地从犹太人的角度解释它的设计风格。

据以西结的描述，许多学者都对这个站在战车上的神的用意提出了自己的解释[②]。但究竟是谁负责的这个设计呢？与那些认为这是展现犹太权威精神的看法不同，我们从这一设计中看到了明显的异教徒特色。如果从我们的观点——只有小额硬币是由犹太人铸造的，而大额硬币是由波斯当局铸造的这一假设出发，那么合理的解释就是波斯人基于他们对神的理解塑造出了这个形象。这样我们就可以了解到当时波斯人对犹太人宗教崇拜活动的描绘，这在当时的波斯帝国算是个惯例（类似的还有波斯时期的基里基雅硬币）。

根据前文所述，我们可以推断出耶胡德硬币是在波斯帝国统治以色列的末期铸造的，那时犹太人能够享有较高程度的自治权。波斯政权和以色列自治政权在同一时期铸造了这些硬币，而这个由耶路撒冷宗教领袖领导的自治政权很可能形成于公元前 350 年至公元前 332 年。

最近新出土了一种耶胡德硬币，其设计风格颇为独特（见第 10 号

---

① 西克斯. 观察菲尼西亚人. 钱币事记，1877（17）：221－263.
② 卡纳尔. 古犹太货币及历史重要性. 圣经考古学家，1963（27）：41.

硬币），值得我们对其进行详细探讨。

　　这种硬币与之前发现的铸有猫头鹰的耶胡德硬币在碑文和重量方面具有惊人的相似。因此，虽然它们面值相同，但却有着不同的设计。它的背面仅铸有一朵有三片叶子的花朵，而其他带有猫头鹰图案的耶胡德硬币，在猫头鹰的左侧也有一朵非常相似的花朵，不过受硬币面积所限并不是很明显。我们认为在这些硬币中出现的花均为百合花。我们无须在此过多地挖掘这朵花的历史意义，不过可以肯定的是，它在古代以色列这一特定历史背景下一定具有非常独特的寓意。《密西拿》和《塔木德》中多次提到了代表百合花的 "shoshan" 及 "shoshanah"，这些都表明百合花不仅仅是因为在古代数量较多，而且以其芬芳和美丽而受到欢迎①。因此，我们可以认为这一现象在整个以色列普遍存在。

　　安森②在他的书中只举了两个铸有百合花图案硬币的例子：一枚很可能是在安条克七世时期的耶路撒冷铸造的；另一枚可以断定是在哈斯摩尼王朝国王亚历山大·詹尼亚斯时期的耶路撒冷铸造的。许多现存的其他标本同样来源于耶路撒冷：一枚来自亚历山大·詹尼亚斯时期③，一枚来自约翰·西卡努斯二世时期，另一枚明显是安条克八世统治时期的塞琉古帝国硬币④。此外，罗马巡查官瓦勒利乌斯·格拉图斯于公元17 年—公元 18 年在耶路撒冷或恺撒利亚下令铸造了一批带有三株百合花的硬币⑤。

　　在耶胡德硬币上那只猫头鹰左侧的百合花设计，与希腊硬币上猫头鹰左侧的橄榄枝有着异曲同工之妙，而前者用三个代表 "耶胡德" 的希伯来字符替代了希腊银币上的 "AOE"。

　　硬币背面展开翅膀的鸟其实是一种名为 "falco sacer" 品种的猎鹰，

---

①　犹太和其他来源的很多文章都强调了百合花对古犹太的重要性。

②　安森．希腊货币．伦敦，1912，表25，第 1406 – 1407 号．

③　赖芬贝格．古犹太货币．耶路撒冷，1947，第 17 号．

④　巴比伦．叙利亚国王．巴黎，1890，XXXV，第 5 号．

⑤　赖芬贝格．古犹太货币．耶路撒冷，1947，第 125 号．

这一纹路模仿了当时小亚细亚地区硬币的风格，后者的硬币以类似的方式铸有老鹰等其他品种鸟类。在古时候，各种鸟类都备受崇拜，在埃及古墓中经常可以见到经药物防腐处理后的猎鹰。我们尚不清楚猎鹰在这枚硬币上具体象征的意义，也没有从古人对其神奇力量的崇拜中找到线索。

在第 4 号硬币中，那只被坐在带翼战车上的神举起来的隼①，由于尺寸过小我们难下定论，但它普遍被认为是一只猎鹰②。

那些还存在问题的硬币一般都是前文提到过的非利士—阿拉伯人的硬币，其中有几枚现馆藏于伦敦的大英博物馆③，还有一枚藏于耶路撒冷希伯来大学的考古收藏协会。苏肯尼克很久以前就解决了这个问题。在这些硬币上有希伯来语的字母，这些字母让人想到"耶胡德"这个词。

还有许多其他硬币上的铭文肯定不是耶胡德，而是各种字母的组合，这部分铭文还没有明确的结果。在此种类中，我们也应该考虑赖芬贝格提到的硬币，他认为硬币上写的是"beqaf"，这有点令人难以置信。

在这些被划分为耶胡德的硬币中，只有包括波斯省名称的硬币无可争议。

---

① 赖芬贝格. 古犹太货币. 耶路撒冷，1947，第 3 号.
② 纳克思. 犹太货币. 耶路撒冷，1939：86.
③ 伊尔. 大英博物馆目录：巴勒斯坦. 伦敦，1914.

# 第三部分　哈斯摩尼王朝的硬币

## （公元前103年—公元前37年）

### 一、铸有约翰"Yehohanan"名字的硬币

学界对哈斯摩尼时期的硬币仍存在很大争议，以至于几乎不可能在市面上找到两本观点一致的出版物。每位学者都有自己的体系，每位货币学家都有自己的见解，而我也不例外。在提出我自己的理解之前，我想首先提出一个所有关于哈斯摩尼时期硬币研究都离不开的中心问题——哈斯摩尼时期究竟是从何时开始铸币的？

这个问题的答案表面上看起来是显而易见的。《马卡比》[①] 一书中保留了一封安条克七世写给西门的信，他写这封信的目的是在与特里丰争夺叙利亚王位的战争中得到西门的支持而授予其大祭司一职。安条克七世在信中宣称："我批准你离开，并且允许你在你的王国以自己的徽章铸造货币。"这显然是个非常直接的判断依据。学者以此为出发点，认为哈斯摩尼王朝硬币的铸造工作始于西门大帝，他们甚至还把大部分没有标注国王的硬币也划归为西门大帝时期。这些硬币主要有两种：一类是舍客勒银币，另一类是刻有"year 4"（第4年）字样的铜币[②]。

---

① 马卡比 15：ff.

② 见图录，第 161 – 163 号硬币。

　　然而，上述把这些硬币统统算作西门大帝时期的划分方法并没有事实依据，并且首先被第一类的银币证伪。20世纪初，伊尔根据雷纳克（1887）及前人的研究，认为舍客勒银币的发行时间应该是在以色列对抗罗马帝国统治的犹太战争时期，远远晚于西门大帝时期。

　　对另一类铜币发行时期的研究同样取得了进展。在玛利沙地区以及发现西门大帝遗体的贝特族尔要塞的发掘工作中，竟然没有发现任何一枚带有"year 4"字样的硬币，而这两地却出土了大量公元前2世纪塞琉古帝国的硬币。因此，奥尔布莱特认为带有"year 4"字样的铜币很可能铸造于西门大帝之后的公元66年—公元79年，即犹太反抗罗马的战争时期（见第161号硬币、第162号硬币、第163号硬币）。

　　也就是说，到目前为止，我们尚未发现任何一枚哈斯摩尼王朝西门大帝发行的硬币。

　　那么我们应该如何解释这一现象？答案仍然隐藏在《马卡比》一书中。书中记载，安条克七世在围攻多拉城并且在与特里丰的战争中稳操胜券之后，已经不再需要西门的支持，于是违背对西门的承诺，将此前有求于西门时赐予的特权统统收回。既然西门从未发行过硬币，那么无法找到这一时期的硬币也就不足为奇了。

　　这就是哈斯摩尼货币学家们最核心的问题所在。那些认为西门是第一位哈斯摩尼王朝铸造货币的国王的学者，大多会认为那些印有"Yehohanan"和"Yehudah"字样的硬币分别是西门的儿子约翰·西卡努斯和孙子约翰·阿里斯托布鲁斯所铸。然而，如果西门大帝从未真正铸造过货币，而且也没有留下任何造币厂和发行货币的权力，那么我们就不能简单地将上述两类硬币划归于西门的儿孙所铸。那么究竟是何人下令铸造的这两种硬币呢？要破解这一问题，我们唯有从现有史料中寻找答案，并且完全摆脱此前缺乏真凭实据支撑的假设和推断。

　　如果摒弃一切先入为主的论断，我们可以在用现有资料重新构造的过程中发现惊人成果。为了更加清晰地展示过程，我在此将哈斯摩尼王朝的硬币按照上面刻有的名字分为如下几类：

1. 铸有"约翰"的硬币；
2. 铸有"犹大"的硬币；
3. 铸有"约拿单"的硬币；
4. 铸有"玛他提亚"的硬币。

我们将对上述各组硬币分别展开讨论。不过从图3－1中的哈斯摩尼王朝谱系图不难发现，有些分属于不同年代的成员却用了相同的名字，我们在研究中需要格外留意这一点。

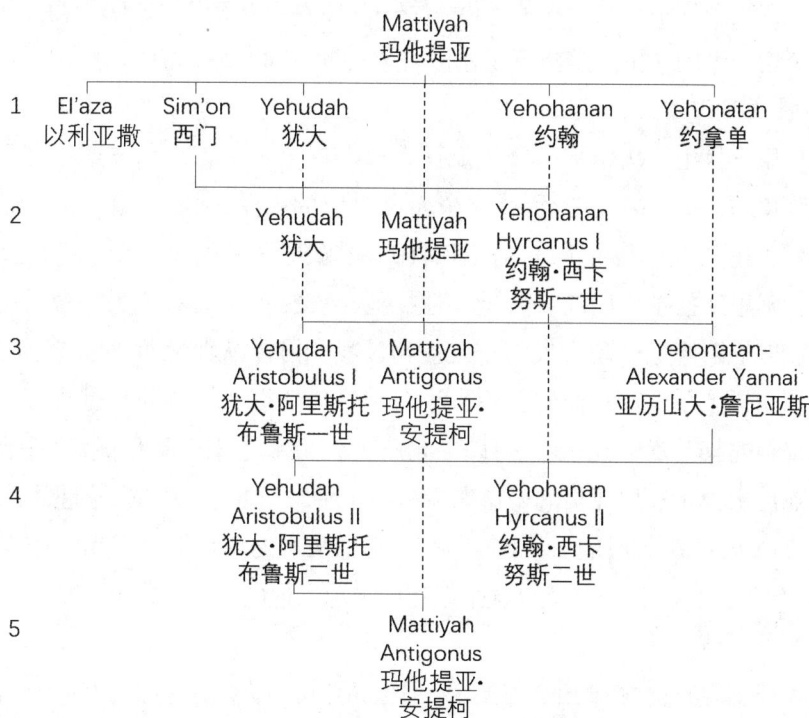

| | | | | Mattiyah<br>玛他提亚 | | |
|---|---|---|---|---|---|---|
| 1 | El'aza<br>以利亚撒 | Sim'on<br>西门 | Yehudah<br>犹大 | | Yehohanan<br>约翰 | Yehonatan<br>约拿单 |
| 2 | | | Yehudah<br>犹大 | Mattiyah<br>玛他提亚 | Yehohanan<br>Hyrcanus I<br>约翰·西卡<br>努斯一世 | |
| 3 | | | Yehudah<br>Aristobulus I<br>犹大·阿里斯托<br>布鲁斯一世 | Mattiyah<br>Antigonus<br>玛他提亚·<br>安提柯 | | Yehonatan-<br>Alexander Yannai<br>亚历山大·詹尼亚斯 |
| 4 | | | Yehudah<br>Aristobulus II<br>犹大·阿里斯托<br>布鲁斯二世 | | Yehohanan<br>Hyrcanus II<br>约翰·西卡<br>努斯二世 | |
| 5 | | | | Mattiyah<br>Antigonus<br>玛他提亚·<br>安提柯 | | |

图3－1　哈斯摩尼王朝谱系图

众所周知，古代以色列人的名字往往会在家族中代代相传。这一现象在祭司及贵族家族中更为常见。因此，同一个名字可能会在这个家族里多次重现，这样一来就容易对我们的研究产生干扰。例如，当提到"祭司西门"时，我们有时候无法确定这到底指的是祭司中的哪位西门。研究哈斯摩尼家族的另一个困难在于他们有给自己取希腊名字的习惯，而在保留至今的史料中往往只记载了他们的希腊名。幸运的是，在各方努力下，我们以极为清晰、合理的脉络复原了哈斯摩尼王朝全部成员的希伯来名字。

除哈斯摩尼王朝奠基人玛他提亚外，他的五个儿子，即马卡比五兄弟以利亚撒、西门、犹大、约翰和约拿单中，有三个名字同样被后世沿用。图 3－1 左侧的序号 1－5 分别代表哈斯摩尼王朝的五代成员。

在第二代中有两个希伯来语名字——犹大和玛他提亚，而约翰·西卡努斯一世的名字则是由希伯来语的"约翰"，以及在希腊语中同义的"西卡努斯"组合而成。

第三代中首次出现了阿里斯托布鲁斯这个名字。约瑟夫斯在《反驳阿皮翁》一书中曾提到过这个名字对应的希伯来语名字——犹大，我们正是从这一出处得知阿里斯托布鲁斯继承了犹大这个名字。犹大·阿里斯托布鲁斯的哥哥是玛他提亚·安提柯。而对于另一位安提柯，即哈斯摩尼王朝末代国王安提柯，我们可以从他发行的希腊、希伯来双语硬币上得知他的希伯来语名字是玛他提亚（详见玛他提亚·安提柯的相关章节）。我们可以据此推断，犹大·阿里斯托布鲁斯一世和亚历山大·詹尼亚斯的哥哥安提柯的希伯来语名字同样是玛他提亚。亚历山大·詹尼亚斯有两个名字——希伯来语的"约拿单"和希腊语的"亚历山大"，而约拿单这个名字则来源于他的伯公，即西门大帝的哥哥约拿单。

根据现有史料，第四代哈斯摩尼王朝亚历山大·詹尼亚斯的两个儿子——阿里斯托布鲁斯二世和西卡努斯二世的希伯来语名字分别是犹大和约翰。

由于此前的学者并未发现哈斯摩尼王朝各出现过两位约翰和犹大，因此，他们将所有刻有"约翰"的硬币划归于约翰·西卡努斯一世，所有刻有"犹大"的硬币划归于犹大·阿里斯托布鲁斯一世。既然现在我们可以证明哈斯摩尼王朝曾出现过同名统治者，那么就需要重新检查之前的划分方法。此外，一些古币学家基于充分的证据认为刻有约翰①的硬币大部分都是出自约翰·西卡努斯二世，他们有以下几点理由。

第一，这批硬币中的部分硬币上存在文字描述的差异：除了大多数刻有"大祭司和犹太人民的领导者约翰"外，另一部分刻的却是"大祭司和犹太人民的最高领导者约翰"（见 22 号硬币、23 号硬币、24 号硬币、25 号硬币）。毫无疑问，这个区别的背后蕴含着深刻的历史意义，后者极有可能是公元前 47 年尤利乌斯·恺撒授予约翰·西卡努斯一世犹地亚地区统治者称号后的产物。根据这一观点，直到西卡努斯被授予犹地亚地区统治者称号，他发行的硬币上仅刻有"大祭司约翰"。这一解释颇为合理。因此，我们至少可以判断这类硬币是由西卡努斯二世发行的。

第二，在刻有"约翰"的硬币之中，有相当多数量的硬币采用了希腊文字或组合图案（见 19 号硬币、20 号硬币和 20A 号硬币、21A 号硬币、23 号硬币）。这使我们联想到同样采用希腊文字与图案交织的塞琉古、托勒密以及提尔自治政权所发行的硬币，这些硬币所刻文字大多是统治者名字的首字母或缩写。我们现在讨论的硬币具有类似的特点。卡纳尔②非常中肯地提出，硬币上的印刻的字母 *AΠ* 或其组合是指在西卡努斯二世时期主管财政事务的以土利亚人安提帕特，他极有可能同时负责货币铸造工作。这也进一步证明了约翰·西卡努斯二世时期的硬币在刻有"约翰"的硬币中占有一席之地。

此外，需要对 23 号硬币补充说明的一点是，它在印有"大祭司和犹太人民的最高领导者约翰"的同时，背面还有字母"A"，这极有可能融合了本部分和上一部分所讨论的观点。

第三，我们还剩下四种没有任何附加信息的硬币，它们分别是 18

---

①② 卡纳尔．大祭司约翰时期货币上的希腊文字．以色列勘探协会公报，1952（16）：52 - 55.

号硬币和 18A 号硬币、21 号硬币、26 号硬币、27 号硬币。其中，21 号硬币可以肯定也是西卡努斯二世所铸，它所采用的刻字字体、技术以及艺术特征与在西卡努斯二世时期铸造的 21A 号硬币和 24 号硬币完全一致。

18 号硬币和 18A 号硬币也可以用类似方法判断。仔细观察不难发现，18 号硬币和 22 号硬币的设计风格和字母位置极为相似，它们的模具很可能出自同一位设计师之手。

金德勒和卡纳尔都赞同将上述几种硬币划分至约翰·西卡努斯二世时期。那么现在只剩下了 26 号硬币和 27 号硬币，他们将这两枚硬币划归约翰·西卡努斯一世，具体理由如下：

第一，他们认为这两枚硬币与其他刻有"约翰"的硬币在古文字字体方面存在差异。金德勒在 27 号硬币上辨认出了比其他哈斯摩尼硬币更为古老的字体。他重点指出硬币上"ה"的写法与其他硬币不同，更像是出自第一圣殿时期的古希伯来语字母"ה"。金德勒认为这一发现是这枚硬币来源于更早时期的明显信号。

此外，金德勒还发现 26 号硬币与刻有"犹大"的硬币在古文字字体的格式上存在相似之处①。基于他认为刻有"犹大"的硬币均来自犹大·阿里斯托布鲁斯一世时期的观点出发，他认为这种采用类似字体的硬币应该是更早时期的西卡努斯一世所铸。

第二，26 号硬币和 27 号硬币的一大特点是所刻文字大多不太完整，大多数情况下仅刻有"大祭司约翰"。附带有"犹太人民的领导者"铭文的硬币仅偶尔出现，然而其字样大多模糊不清且难以识别，有些甚至完全消失不见了，不过在极少数情况下也出现过刻有清晰、完整铭文的硬币。金德勒认为②这些仅刻有铭文"大祭司约翰"的硬币出自西卡努斯一世，由于当时的人民大会地位较低，并没有受到西卡努斯的

① 见金德勒. 古犹太和叙利亚货币的近期研究及发现. 耶路撒冷，1954：14.
② 金德勒. 古犹太货币的日期和符号含义. 耶路撒冷，1958：17.

重视，因此，仅以大祭司之名发行硬币。然而到了西卡努斯二世时期，即哈斯摩尼王朝末期，人民大会的影响力已大大提高，已成为实权机构，因此无法再被忽视。

第三，在贝特撒哈发现的窖藏古币中只有由西卡努斯二世发行的刻有"犹大"的硬币，然而却没有发现26号硬币和27号硬币。我们将在后文中详细介绍这一窖藏古币发现。

我们认为上述三个理由均无法支持这两种硬币出自西卡努斯一世的观点。

第一，在研究铭文所使用的古文字字体时，我们应该注意到在处理第二圣殿时期末期的犹太硬币时所发现的铭文拟古主义现象。那个时期的硬币字体已经从古希伯来语变成了正方形的希伯来字符。这种拟古主义仅在硬币上被采用的原因可能有很多种，既可能是出于国家荣誉，也可能是为了暗示哈斯摩尼王朝与此前犹大王国之间的传承关系，以此彰显其统治的正统性。一些学者试图证明这些古字体的使用有违历史发展和社会进步规律，然而真相可能非常简单①。硬币的设计者在雕刻硬币模型时临摹了古代手稿中的字体，而这些手稿无疑藏于耶路撒冷圣殿的图书馆之中。正因为如此，某一硬币所铸的铭文风格可能与某些古代卷轴相似，但却又有别于同时期临摹同一图书馆的其他古书字体的硬币。由此可见，正因为这些铭文的临摹来源各不相同，才使得哈斯摩尼王朝硬币的铭文风格具有多样性②。

在这些被普遍认为出自西卡努斯二世的硬币中，同样存在很多古文字体上的不同，例如18号硬币与19号硬币、18号硬币与20号硬币。亚历山大·詹尼亚斯时期的硬币存在同样现象。然而至今尚没有人认为这些硬币因其字体上的差异而分别属于不同的"约翰"或"约拿单"。

与之相类似，以古体书写的"ﬥ"同样出现在亚历山大·詹尼亚

---

① 克德曼. 犹太货币铭文. 近期研究和发现：150 – 169.

② 和卡纳尔讨论后产生的想法。

斯、哈斯摩尼末代国王玛他提亚·安提柯以及此后的犹太战争时期的硬币上。

金德勒因 26 号硬币与犹大·阿里斯托布鲁斯一世时期的硬币具有相似的古文字风格而将其划分至西卡努斯一世时期。然而我们认为金德勒所对比的这些硬币实际上发行于犹大·阿里斯托布鲁斯二世时期，而 26 号硬币是其哥哥约翰·西卡努斯二世所铸，这样也就自然而然地解释了它们之间铭文字体风格相似的问题，因此，金德勒所认为 26 号硬币是由西卡努斯一世铸造的论断也就没有了支撑。

第二，金德勒根据对哈斯摩尼王朝硬币进行的简短调查，认为西卡努斯一世硬币上没有刻上西卡努斯二世硬币的铭文"犹太人民的领导者"的主要原因在于当时他对理事会的依赖较小，然而事实却恰恰相反。约翰·西卡努斯一世是整个哈斯摩尼王朝中最依赖理事会的统治者。根据约瑟夫斯所保留的西卡努斯一世相关史料记载，他经常将理事会的名字排在自己名字之前。反而是西卡努斯二世不断削弱理事会的重要性，他将自己的名字放于首位，甚至完全省略理事会之名。因此没有刻上"犹太人民的领导者"铭文的"约翰"硬币（26 号硬币、27 号硬币）更可能来自西卡努斯二世，而不是西卡努斯一世。

第三，苏勒尼①称贝特撒哈硬币窖藏中的硬币均出自约翰·西卡努斯一世时期，由于这批硬币的具体情况至今尚未完全披露，因此我们还不能对其包括何种硬币做出判断。不过可以肯定的是，其中未发现任何一种非常罕见的刻有"约翰"的硬币（21 号硬币和 21A 号硬币、24 号硬币、25 号硬币）。按照稀有程度排序，接下来讨论的是 26 号硬币和 27 号硬币。如果这两种硬币确实没有出现在这批硬币窖藏中（目前还无法肯定），那么很可能是因为它们过于稀缺，或者是这两种发行于西卡努斯二世末期的硬币在这批货币被窖藏时还没有正式发行。如果采用

---

① 苏勒尼. 约翰·西卡努斯时期硬币的窖藏. 犹太季刊，1947（37）：281 - 282.

后一观点，27 号硬币非常适合与西卡努斯二世的直接继位者、哈斯摩尼王朝末代国王玛他提亚·安提柯所发行的硬币进行古字体方面的对比。

我们认为贝特撒哈硬币窖藏的埋藏时间不晚于公元前 45 年，而且绝对不早于公元前 47 年，原因在于其中有相对较大数量的硬币都刻有"犹太人民的领导者"铭文，而正如我们在前文中所分析的那样，这一现象只可能出现于公元前 47 年之后。此外，这批硬币品相极佳，没有经流通使用留下的痕迹，因此，它们无疑是在铸造后不久就被埋藏起来了。

到目前为止，我们已经对古币本身以及从中得出的结论进行了详细讨论。然而考虑到西卡努斯一世是否真正发行过硬币的问题，我们还需要举出更多史学和考古学证据。

当前工作的实质意味着无法进行详细的历史探究，尽管如此，我们仍需适当考虑到塞琉古帝国与哈斯摩尼王国的力量对比情况。在约翰·西卡努斯一世统治的绝大部分时期，犹大地区虽然取得了部分自治权，但却并不是完全的自治权。就连那些认为西卡努斯一世确实发行过货币的学者也认为这仅可能发生在他统治的末期。而根据卡纳尔的研究，西卡努斯一世发行货币的时间不早于公元前 110 年①。此时的塞琉古帝国已经衰落到其附庸国和附庸城市通过铸造自己的硬币宣示独立成为可能的地步。犹地亚地区首次铸造硬币的时间大致只能从其他具有类似规模的地区推测。提尔地区在公元前二世纪中期就已经开始发行自治舍客勒，然而用提尔这个重要且规模较大的城市作为犹地亚地区的比较对象并不是十分恰当的。我们只有用与犹地亚地区级别相同的诸如纳巴泰王国、加沙和阿什克伦这些重要性居于次要地位的城市或地区做对比。

---

①　卡纳尔. 马卡比书时期货币的起始. 以色列勘探杂志，1950 - 1951（1）：170 - 175.

阿什克伦和加沙地区的自治区硬币均在公元前 104 年之后发行，而纳巴泰王国在更晚的时间才发行自己的货币。因此，从历史的观点来看，公元前 2 世纪末期是犹地亚地区最有可能也最为恰当的首次发行自治硬币的时间，此时对应的是亚历山大·詹尼亚斯时期初期，而不是西卡努斯一世时期。

我们用考古学证据论证这一问题时要尤为谨慎。对于较晚时期的考古地层而言，虽然可以利用某一地层中出土的硬币推断该地层所属年代，但是却不能反过来用地层年代推断硬币年代。出现这一情况的原因在于，硬币所属年代可能并不局限在该地层的年代范围之内，然而有些学者却试图对发现于贝特尔族①的货币采用这种方法。

这批被埋藏的硬币更有可能帮助解决西卡努斯一世是否真正铸造过硬币这个问题，然而目前尚无能够对此产生实质性影响的发现。由于这批硬币并非出自系统性的发掘工作，而且在最终汇集并统计清单之前散落各处，因此我们只能从中获得有限的细节。

经过系统挖掘，在雅法②和吉比恩③分别出土了一批亚历山大·詹尼亚斯时期的硬币，这引出了另一个问题——如若西卡努斯一世确实铸造过硬币，那么为何他的硬币在他儿子詹尼亚斯时期的这两批硬币中却毫无踪迹？不过我们并不能排除这两批硬币在发行不久就被埋藏而没有机会混入其他流通硬币中的可能性，正如目前所知的贝特撒哈硬币窖藏中只有约翰·西卡努斯二世发行的硬币而没有其父亚历山大·詹尼亚斯发行的硬币类似。

由此可见，考古研究的结果并没有对西卡努斯一世是否铸造过货币提供有力证据，我们必须依靠基于硬币本身以及史学的提示和推论所得到的结论。

---

① 见塞列尔对贝特尔族货币的详细描述。

② 金德勒．在雅法窖藏的亚历山大·詹尼亚斯时期的硬币．近期研究和发现：170－185.

③ 普里查德（J. B. Pritchard）．吉比恩．新西兰州，1962：76－77，图 40.

### 二、铸有犹大名字的硬币

在研究铸有"犹大"的硬币时我们会遇到与研究刻有"约翰"的硬币时类似的问题。正如我们在图 3 - 1 中所见，"犹大·阿里斯托布鲁斯"这个名字与"约翰"一样，在哈斯摩尼家族后人中同样出现了两次。那么应该如何正确划分铸有"犹大"名字的硬币呢？

根据卡纳尔和金德勒的结论，学术界早已接受了大部分刻有"约翰"的硬币出自约翰·西卡努斯二世的结论。然而，还没有人提出刻有"犹大"的硬币是出自阿里斯托布鲁斯二世而不是一世的观点。

我们前文已经论证约翰·西卡努斯一世时期没有铸造任何硬币，从这一结论出发，同样缺乏确凿证据表明犹大·阿里斯托布鲁斯一世铸造过货币。

以下可能是理解这两位阿里斯托布鲁斯最关键的历史信息。

公元前 104 年，西卡努斯一世去世，其子犹大·阿里斯托布鲁斯一世继位，然而他仅统治不足一年便死于一种严重疾病。在他短暂的统治时期里贯穿着血腥的家族斗争，在这样的背景下，除了与北部以土利亚人的战争值得一提之外，阿里斯托布鲁斯一世显然未能取得很大成就。而反观亚历山大·詹尼亚斯之子阿里斯托布鲁斯二世，他凭借着自身能力和性格，以及与他性格软弱的哥哥西卡努斯二世相比坚韧、不屈不挠的品质，再加上他在相当长时期的统治中取得的包括反抗罗马对犹地亚地区的统治在内的功绩，得到了约瑟夫斯极高的评价。

公元前 76 年皇后撒罗米·亚历山德拉去世后，她的两个儿子西卡努斯和阿里斯托布鲁斯为争夺王位而爆发内战，不过这场内战随着西卡努斯的战败迅速平息。战后，王国落入阿里斯托布鲁斯之手，根据约瑟夫斯的记载，西卡努斯在战后被剥夺一切权力，这一说法被广大学者接受。沙利正是因此认为犹大·阿里斯托布鲁斯同时担任国王和大祭司，集世俗和宗教大权于一身①。

此外，犹大·阿里斯托布鲁斯二世在担任军事指挥官时，控制耶路撒冷的政治事务，因此他已经成为犹地亚地区的实际统治者。

犹大·阿里斯托布鲁斯一世仅统治不足一年，而犹大·阿里斯托布鲁斯二世的统治至少维系了三年之久。

那么这两位统治者铸造货币的可能性分别有多少呢？正如前面章节所分析的那样，阿里斯托布鲁斯一世的前任完全没有铸造过货币，因此，其在位初期没有处于运作状态的造币系统。即便当时的政治环境允许他进行货币发行工作，他能在如此短的统治时间里建立造币厂并发行货币同样令人存疑。而犹大·阿里斯托布鲁斯二世却继承了其父亚历山大·詹尼亚斯的造币厂，这些造币厂在过去的三十多年间全速运转，铸造了成千上万枚的硬币。可以肯定的是，阿里斯托布鲁斯二世继续使用这些造币厂以缓解因他发动战争而导致的越发严峻的财政状况。

因此，我们可以做出结论——犹大·阿里斯托布鲁斯一世完全没有铸造过货币，而刻有"犹大"的硬币统统来自犹大·阿里斯托布鲁斯二世。

大部分刻有"犹大"的硬币都出现了一处与其他哈斯摩尼王朝硬币不同的铭文。这些硬币上将阿里斯托布鲁斯二世称为"Yehudah，high priest"，而不是"Yehudah，the high priest"。这两种表达方式在使用上可能并无太大区别，我们很难对这一差异做出合理解释。

金德勒将这些硬币的铭文风格和字体划分为"block"，与大部分亚历山大·詹尼亚斯的硬币以及部分约翰·西卡努斯二世的硬币相似。29号硬币在古文字特征方面与18A号硬币、22号硬币以及人们普遍认为出自西卡努斯二世的23号硬币几乎完全相同。

在第四部分中，我们将呈现更多证据来证明亚历山大·詹尼亚斯是

① 沙利. 西卡努斯是否被任命为国王？. 以色列勘探协会公报，1939（6）：145－148.

哈斯摩尼王朝首位铸造货币的统治者。

### 三、亚历山大·詹尼亚斯（公元前103年—公元前76年）

对亚历山大·詹尼亚斯发行货币的识别工作并没有出现太多分歧，不过有些学者的划分方法仍然存在错误。所有刻有詹尼亚斯从伯公那里继承而来的希伯来语名字——"约拿单"，或者是他的希伯来语名字和希腊语名字——"约拿单和亚历山大"的硬币都是由他所发行的。

亚历山大·詹尼亚斯发行的硬币是我们在对哈斯摩尼王朝硬币研究中，第一次不会因同名国王的存在而发生错误判断的硬币。我们已经论证了哈斯摩尼王朝在亚历山大·詹尼亚斯之前从未铸造过硬币，而所有刻有"约翰"和"犹大"名字的硬币则分别出自他的两个儿子——约翰·西卡努斯二世和犹大·阿里斯托布鲁斯二世。此外，我们已经在前文中指出，犹地亚自治区硬币的发行时间应该与同时期可比较的城市或地区类似，同样出现在公元前2世纪末期，而此时对应着亚历山大·詹尼亚斯统治时期的初期。

综合考虑这些事实使得亚历山大·詹尼亚斯成为哈斯摩尼王朝第一位铸造货币的统治者。此外，还有一个现象进一步支撑了这一观点，詹尼亚斯发行过在所有犹太货币中极为独特的铅币（7号硬币和7A号硬币），这些铅币在早期关于犹太货币的学术著作中被多次提到[1]。

我了解较多的由亚历山大·詹尼亚斯发行的铅币大概有二十种。它们的最大特点在于其从严格意义上讲并不是硬币，大部分情况下它们要么只有一面刻有文字或图案，要么另一面刻有一些无法辨别的图案，又或是刻有层层覆盖的若干未知图案，使我们无法辨别出其具体设计。它们的这一共同特点令我们推测这些"硬币"可能仅仅用于实验，而非真实流通。这些"硬币"可能正是为了便于实验才采用低硬度的铅作为原材料。这些铅币本应在哈斯摩尼硬币集中出现，但是并没有出现，这更有力地证明了这些硬币仅用于实验而不是真正的硬币。

---

① 绍列. 犹太货币研究. 巴黎，1854.

这些铅币很可能证明了詹尼亚斯是哈斯摩尼王朝第一位铸造货币的统治者，这些铅币是詹尼亚斯在这片土地上设立第一座造币厂后的实验性产物。然而这仅仅是推测，对这一行为显然没有其他更为合理或符合经济动机的解释。即使暂时不考虑这一推测，我们目前已经有足够证据表明詹尼亚斯是第一位铸造硬币的哈斯摩尼统治者。不过我们的建议仍然适用于在此提出的这个新的哈斯摩尼王朝硬币年代表。

**亚历山大·詹尼亚斯硬币的年代表**

对亚历山大·詹尼亚斯发行的硬币进行研究时需要面对的一个问题是，如何正确判断各种硬币的发行顺序。我们目前还不具备完全解决这个问题的条件，只能在现有资料基础上进行合理推测。

学界普遍认为，詹尼亚斯在开始执政后不久就自立为王。不过可以肯定的是，詹尼亚斯在公元前二世纪末期已经成为国王，而且他极有可能在继位后不久就开始着手进行铸币工作，开创了哈斯摩尼自治王国的先例。此外，他的硬币的确铸有"国王亚历山大"（*ΑΛΕΞΑΝΔΡΟΥ ΒΑΣΙΛΕΩΣ*）的铭文。据此推测，除那些实验性铅币之外，詹尼亚斯首次发行的硬币很可能是那些同时刻有他希伯来语和希腊语名字的硬币。

我们可以很明显地看出，5号硬币和5A号硬币具有模仿安条克七世和安条克八世硬币的痕迹。安条克七世的硬币很可能铸于詹尼亚斯继位前约三十年的耶路撒冷，正面是百合花，背面是船锚；安条克八世的硬币与詹尼亚斯属同一时期，背面刻有一种花。这种在设计硬币图案时参考本地广泛流通硬币的行为在古代颇为常见，主要目的是提高新政权所发行货币的公信力以及在流通中的声望，詹尼亚斯当时就是这样做的。正因为如此，古代众多城邦和地区的硬币都以雅典、亚历山大大帝、塞琉古帝国以及托勒密帝国的硬币为原型加以模仿。以我们当前的例子詹尼亚斯来说，可能同样模仿了当时在耶路撒冷流通的上述安条克七世和安条克八世的硬币，不过硬币所采用的全新铭文和设计风格无疑具有不同含义。

　　詹尼亚斯模仿非犹太统治者硬币的事实进一步证明了他是哈斯摩尼王朝首位铸币的统治者。如果在他之前的本朝统治者早已开始发行硬币，那么他肯定选择模仿本朝旧币而不是模仿塞琉古帝国硬币。

　　许多人认为詹尼亚斯硬币背面的最明显特征——船锚，象征着詹尼亚斯此前陆续征服的多个滨海城市，不过这一说法并不能让人完全信服，尤其是这一设计与安条克七世硬币上的船锚极为相似。考虑到这个相似特征，我们可以将詹尼亚斯常态化发行硬币的时间进一步向前推至他统治初期，甚至早于他对以色列地区滨海城市的征服。

　　这种硬币提出了另一个问题。詹尼亚斯将大部分这种硬币（5 号硬币和 5A 号硬币）都回炉重新铸造成一种新硬币，显然，只有某种社会、国家、政治或是其他领域的进步才能解释这个变化。刻有船锚、百合花并配有铭文"国王约拿单"的早期版本，被重新铸造为配有铭文"大祭司和犹太人民领导者约拿单"的新版本（17 号硬币）。这些新版硬币的铸造时间仍不得而知，既有可能是在旧版铸造不久尚未完全流通之时，也有可能是在旧版硬币已经大范围流通后，再从市场收回重铸。因此，我们无法判断这批新版硬币的具体发行时间。

　　有些学者认为这些硬币是詹尼亚斯在其统治末期与法利赛人斗争的产物，是一种向法利赛人让步的姿态，而且他在去世前将这一铸币工作交由撒罗米·亚历山德拉负责。由于哈斯摩尼王朝并非出自大卫王家族，不具有担任国王的合法性，因此，詹尼亚斯很可能将其硬币上国王的称号抹去，以作为政治斗争中的一种让步。因此，那些刻有铭文"国王约拿单"的硬币被重新铸造，并刻上了新铭文"大祭司约拿单"。

　　8 号硬币可能铸造于亚历山大·詹尼亚斯统治中期。在这段时期早期发行了 8 号硬币这样设计精美、品相优良的硬币；后来，詹尼亚斯频繁征战导致铜供应不足，根据卡纳尔的观点，内战期间开始铸造一批尺寸更小且重量仅约 2 克的硬币（10 号硬币、11 号硬币）。背面刻有铭文"大祭司和犹太人民领导者约拿单"以及双丰饶角的硬币（12 号硬币、13 号硬币、14 号硬币、15 号硬币、16 号硬币），很可能在他整个执政期间都在持续发行。这类硬币较大的发行数量以及丰富的设计版本均能解释这一设想。然而我们仍无法判断它们是在詹尼亚斯正式开始统治时就被发行，还是直到第一批将其称为国王的硬币铸造完成之后才被发行。6 号硬币应该是在詹尼亚斯统治初期铸造，并且不久之后就被暂停发行。

### 四、玛他提亚·安提柯（公元前 40 年—公元前 37 年）

哈斯摩尼王朝末代国王玛他提亚·安提柯发行的硬币将是我们对始于亚历山大·詹尼亚斯的哈斯摩尼王朝众多硬币研究的最后一部分。亚历山大·詹尼亚斯、犹大·阿里斯托布鲁斯二世与约翰·西卡努斯二世发行的硬币虽各有特色，但起码在外形上基本一致。然而，玛他提亚·安提柯发行的硬币却与他前任们发行的硬币有着很大的不同。

1. 面值

"Perutah"是哈斯摩尼王朝所使用的最小货币单位。除西卡努斯二世发行过一枚价值 2 Perutah 的硬币外（25 号硬币），哈斯摩尼王朝大多采用 1 Perutah 或 0.5 Perutah 的小额硬币，重量为 0.2～4 克。然而，玛他提亚·安提柯却铸造了许多较大的铜币，最大的一种重量约 14 克，中等大小的重量约 7 克，而他的 1 Perutah 面值的硬币也都比历任国王同等面值的硬币更重。

2. 金属质量

安提柯之前的哈斯摩尼王朝硬币平均含铜量约 82%，所采用的铜原料质量优良。然而，安提柯的硬币质量下滑严重，由于此时在铸币过程中掺入铅，含铜量跌至 68%。我们至今仍不清楚造成这种金属品质严重下滑的原因，也不能简单地认为是由于铅的价格较铜更低而导致的。这可能是因为安提柯在其整个统治期间与希律冲突不断，大量本应用来铸币的铜原料都被用于制造武器，因此，只能将圣殿中的铜制或铅制金属器具融化用来铸造硬币。

3. 铸币技术

所有哈斯摩尼王朝的硬币都采用敞口模具铸造的方法，然而，安提柯发行的硬币，除"烛台"硬币之外，都采用了由两部分组成的封闭模具铸造。正因为如此，安提柯的硬币可能看起来像是两枚硬币铸在一起，不过有时候由于模具上下两部分没有恰当匹配，可能会出现梯级坯饼。

哈斯摩尼王朝硬币的横截面

(1) 通常硬币在敞口模具中 铸造（Usual Flan Cast in Open Mould）

(2) 此种硬币在封闭模具 中铸造（Flan Cast in Closed Mould）

(3) 梯级压边在封闭模具 中产生（Stepped Flan Cast in Closed Mould）

安提柯的硬币正是因为采用这种铸币工艺而重量大增。不过唯一的例外是刻有七烛台的 1 Perutah 硬币，它仍然采用了传统铸币工艺，其中原因我们将在下文讨论。

随着公元前 37 年希律开始围困耶路撒冷后，安提柯的王国即将分崩离析。希律实力强劲，他带来的罗马大军令安提柯不多的军事力量捉襟见肘。在耶路撒冷陷落前的一个月，安提柯向耶路撒冷全体居民发布了一则"公告"，号召他们要不惜一切代价守卫国家之魂——圣殿，让圣殿免遭"外人"即罗马人和希律玷污。这一"公告"还包括一枚硬币，上面出现了耶路撒冷圣殿中七烛台的图案，这是犹太硬币上第一次也是唯一一次出现了犹太艺术作品。这枚硬币的七烛台明显带有防止犹太教灯台落入外人之手的意味。

我们认为这枚硬币仅具有宣传意义，并不具有任何经济价值，正因为如此，安提柯才会毫无顾虑地减轻它的重量，这与他采用封闭模具铸造用于流通的硬币的做法截然相反。这样他还能减少铸币的耗铜量以减轻对前线的负担。这些因素使得安提柯发行的这枚硬币成为哈斯摩尼王朝最后时期一种鼓舞士气的有力工具。

4. 设计

在硬币的设计和表象方面，安提柯的硬币与之前的哈斯摩尼王朝硬币相比并没有太大变化。不过此前硬币上两个丰饶角之间的石榴在安提柯的硬币上已被换成了一缕麦穗（见 33 号硬币）。此外，在较大的铜币上，在丰饶角一面还刻有铭文。这段铭文散布在两个丰饶角的两角之间，这样一来也就没有再给其他设计留下空间（见 30 号硬币）。

只有一个丰饶角的硬币（31 号硬币）的面值是那些刻有两个丰饶角的较大硬币的面值的一半。这种只刻一半的设计可能体现的是其面值仅为一半。

5. 铭文

安提柯在担任大祭司的同时还担任国王。然而他并没有像他爷爷詹尼亚斯一样在硬币上用希伯来语铭文彰显国王身份，仅用希腊语刻了"国王安提柯"。而在希伯来语中他仅称自己为"大祭司安提柯"。

这一区别的具体原因尚不清楚。安提柯统治时期，曾在西卡努斯二世时期掌管国家财政及铸币事务的安提帕特已经离世。此时的造币厂在错综复杂的政治背景下，可能先后被各个派别的政治力量控制，甚至迁至他处。除了这些因素外，安提柯的性格以及他岌岌可危的政权同样对当时的硬币风格产生一定影响。

在此对安提柯硬币需要补充的一点是它的流通广度以及其被发现的所在地。在包括加利利地区在内的以色列境内，均能发现哈斯摩尼王朝以前发行的硬币的踪影，然而安提柯的硬币基本上仅能在犹地亚和撒玛利亚地区被发现，在加利利地区发现的希望颇为渺茫。这一现象与安提柯的政治地位以及哈斯摩尼王朝晚期狭小的统治地域相一致。

# 第四部分　希律王朝的硬币

## 1. 大希律王时期

### ［公元前（40）37 年—公元前 4 年］

在公元前 37 年，希律夺取犹太王权，彻底推翻哈斯摩尼王朝，从而开创了一个新纪元，给国家在精神、经济、社会生活以及对外关系等层面带来了诸多变化。在这之中，发生在铸币领域的变化虽然较小，但却非常准确地反映了新时代的特征。

如下的三个主要特征将希律时期的硬币和其之前朝代的硬币区分开来：硬币上的铭文只有希腊文字；硬币上没有明显的犹太符号，而是倾向于使用外邦符号；犹太硬币上第一次出现日期。

（1）希律王朝时期硬币上的铭文非常单调。在希律所发行的所有硬币上，国王的名字和头衔都以希腊文的形式出现，且有完整版和简写版两种版本。大部分完整版的铭文是所有格形式 *ΗΡΩΔΟΥ ΒΑΣΙΛΕΩΣ*（希律王），其余的是主格形式 *ΗΡΩΔΗC ΒΑCΙΛΕΥC*（希律王）。在希律王发行的硬币上普遍只采用这种铭文或它的替换形式，除此之外，仅出现过一种由两个希腊字母组成的字母组合，这两个字母的具体含义将在后面的第 3 部分进行介绍。

（2）希律王朝时期硬币上的符号含义极为复杂。首先，对几个图案含义的识别是不确定的，甚至那些在某种程度上已被确认含义的图案，对它们的解释也仍留有问题，例如，对希律王朝最大的硬币（37号硬币）上的一个符号的解释。在硬币反面通常印着一个有两个颊片和一个星星顶点的狄俄斯库里头盔，像之前印的狄俄斯库里头盔一样。尽管如此，该图案与这样的头盔并不完全相同，因为它的边缘是不同的，在上面和下面还添加了一些神秘的符号。值得注意的是，这个图案除了与狄俄斯库里头盔颇为相似之外，还与一种在希腊文化中比较常见的祭祀用香炉非常相似，当然并不是所有细节都吻合。

即便采用上文中的某一种而不是另一种解释，仍然存在着含义解释上的问题。希律王想要用硬币上的狄俄斯库里头盔来象征什么？这与在撒玛利亚的一处建于希律王朝时期的建筑内发掘出的狄俄斯库里头盔是否存在某种联系？如果这样的符号确实代表着同样在圣殿里使用的一种祭祀物品，那么这是一个犹太符号吗？或许这就是一个异教的祭祀物品，以牺牲部分犹太主体的利益为代价用来向非犹太居民示好？

类似这样的问题也适用于希律王朝时期发行的其他硬币，比如 41号硬币。这枚硬币上的三角形符号到底代表的是犹太祭祀物品，还是代表着希腊化地区的某种异教呢？

人们可能会觉得希律王朝试图使它的硬币象征意义模糊，这样犹太人和非犹太人都可以按照符合他们自身立场的角度来解释硬币的含义。不过人们普遍认为这一时期硬币图案中的异教气息较犹太气息更胜一筹，毕竟在希律的硬币上竟然没有一处犹太图案这一点是完全没有争议的！39 号硬币上的图案是不是石榴并不确定，也有可能是桃金娘树或罂粟花的浆果，而在其他硬币上出现的棕榈枝则不太像是犹太符号，反而更有可能是希腊符号。

与上述含义模糊的硬币截然相反的是，希律王朝也发行过几枚异教风格鲜明的硬币，这根本不可能给出任何犹太意义上的解读。例如，有翼的墨丘利的节杖（39 号硬币），以及双珠角之间的石榴把墨丘利节杖（53 号硬币），它们较小的尺寸可能误导了犹太人。这种情况也可以解释希律王硬币上鹰的图案（54 号硬币），这很可能与他在神殿门上放置的罗马鹰有关。无论如何，希律硬币上的符号为象征主义方面的问题提供了广阔的视野，而这些象征主义方面的问题可能会在很长一段时间内持续存在。[①]

（3）在希律王朝硬币上唯一出现过的日期是"*LΓ*"，意思为 3 年。这个日期一共出现在四种不同硬币上，因此一定具有非常重要的意义，否则，也就不会如此反复强调这同一个日期了。

到底哪一年是希律王在位的第 3 年，当时又发生了什么事呢？关于这个问题已经有了非常广泛的讨论，本书在此简要给出这些讨论中比较合乎逻辑的解释。[②]

在公元前 40 年的罗马，希律正式被任命为犹太国王，而当时犹地亚的实际统治者仍然是玛他提亚·安提柯。在此后的 3 年里，希律王对安提柯发动战争，并于公元前 37 年征服耶路撒冷，成为犹太的实际统治者。因此，从理论上讲，希律王统治的第 3 年是他实际统治的第 1 年。在希律王统治的早期，最重要的事件无疑是他击败安提柯并彻底推翻哈斯摩尼王朝。他成为犹地亚的实际统治者后需要通过铸造新货币来纪念这场伟大的胜利，并且替掉安提柯在位时发行的旧币。从在罗马被封为犹太王开始计算，希律实际统治的第 1 年实际上是他被任命的第 3 年。因此，硬币上印有的时间"3 年"应该指的是公元前 37 年。

**关于字母缩写的问题**

我们在此无法对所有为了解释带有日期的希律王硬币上出现的字母缩写而提出的假设详细展开讨论。目前看来，这个问题至今没有令人满

---

① 梅珊.希律王朝时期货币的研究.伊瑞兹以色列，1961（6）：104－114.
② 卡纳尔.古犹太货币及其历史重要性：48.

意的答案。卡纳尔①认为字母缩写 ⨁ 由字母 T 与 P 组成，是 *TPITO Σ* 的缩写，代表着"第三"的意思，对应的时间是"3 年"。但这一观点并不是很有说服力，因为目前还不清楚希律王朝为什么会在同一硬币上两次提到同一年份，这样的做法是如此奇怪和令人费解。

**希律硬币的内部年表**

如前所述，希律时期早期所发行的硬币都印有具体年代，是在公元前 37 年铸造的。而其他的硬币却都未标明具体年代，不过我们至少可以尝试将这些硬币的设计理念和风格与一些重大事件及特殊日期相结合进行研究。

41 号硬币、42 号硬币和 53 号硬币均流通广泛，发行数量庞大，并且已知存在诸多变体设计。这些硬币显然是在希律大部分的统治时期中所铸造的。

而 55 号硬币则因为其正面和反面明显的海洋文化特征的象征符号而与其他硬币区别开来。正如前边已经提出的，这种硬币和公元前 10 年恺撒利亚港建成时间之间无疑是有关联的。因此，这种硬币出现的时间相对较晚，属于希律王最后一批铸造的硬币之一。而在更晚时期发行的 54 号硬币的反面上有一只鹰，这只鹰明显与希律王立在圣殿门上的金鹰有关。希律王的这一举动引起了东正教反对者的强烈不满，后者甚至强行将金鹰移走。这一事件发生在希律王统治的最后几年。

值得注意的是，最新公布了一批此前从未被发现过的希律硬币并且被命名，它们分别是 45 号硬币、46 号硬币、47 号硬币、48 号硬币和 49 号硬币。在这之中，46 号硬币是不久前由斯派克曼②发现的，从那以后笔者又陆续发现了十几种与之类似的硬币。其余的硬币首次在这里提到。可以肯定的是，未来仍有很多惊喜等待我们去发现。

---

① 卡纳尔. 古犹太货币及其历史重要性：38.

② 斯派克曼. 一些稀有的犹太货币. Studii Bibliu Franciscani, Liber Annuus, 1962—1963（8）：302，第 6 号.

## 2. 希律·阿基劳斯时期
### （公元前 4 年—公元 6 年）

公元前 4 年，希律王死后，他所统治的领土被他的三个儿子阿基劳斯、安提帕斯和菲利浦瓜分，但没有一个儿子继承他们父亲的王位。犹大、撒玛利亚和伊杜马亚被分配给阿基劳斯，他被奥古斯都任命为这些地区的统领。

阿基劳斯时期硬币最值得注意的特点在于它的图案设计风格。在他发行的六种不同类型硬币中，有五种硬币印有明确的海洋喻义的象征符号（56 号硬币、57 号硬币、58 号硬币、59 号硬币、60 号硬币），这样做的原因可能是因为他从父亲那里继承了恺撒利亚和雅法这两个主要港口城市。这使他比他的两个兄弟——安提帕斯和菲利浦具备更大的优势，安提帕斯和菲利浦的领地都没有直接出海口。由于阿基劳斯的领地具有巨大的经济和政治价值，他显然试图进一步发挥这种优势。

阿基劳斯时期的硬币采用了与他的父亲希律王非常相似的制造工艺，这一点不同于他的两个兄弟。造成这一点的原因很可能是由于他继承了父亲在耶路撒冷的铸币厂。因此，阿基劳斯沿用了耶路撒冷的传统造币技术。

要想辨别阿基劳斯时期发行的硬币非常简单，因为他是整个希律王朝中唯一有统治者头衔（*EΘNAPXHC*，人民的统治者）的人，而这个头衔也同样被刻在他统治时期的硬币上。

阿基劳斯把所有硬币都印上了铭文 *HPΩΔHC EΘNAPXHC*（主格）和 *HPΩΔOY EΘNAPXOY*（属格）。

阿基劳斯时期硬币的铭文沿用了希律时期硬币的传统，仅印有统治者的名字，样式统一而单调。这两个时代硬币的另一个共同特点体现在硬币设计、海洋文化的象征符号以及羊角和头盔图案上。不过，阿基劳斯硬币采用了一个全新的设计——一串葡萄，这一具有浓郁犹太特色的水果，无疑增强了硬币的犹太意味。而在印有葡萄图案硬币的另一面，却出现了有明显异教徒设计风格的一顶头盔（61 号硬币）。因此，我们可以基于这一明显发现，判定阿基劳斯时期的硬币与希律王时期的硬币一样，在设计上采用二元主义对硬币的文化和宗教形式进行模糊处理。

我们很难确定出阿基劳斯时期的硬币的内部年代表，原因在于在他发行的硬币上从未印有任何纪念发生在其统治时期的具体事件。不过其中一枚硬币（56 号硬币）很可能是在他的统治初期发行的，它与一枚希律王时期的硬币（53 号硬币）非常相似，56 号硬币的设计灵感明显源自 53 号硬币，在某种程度上是后者的延续，并且似乎是在尽可能地模仿当时市场上广泛流通的希律王硬币的外形。

虽然希律王时期和阿基劳斯时期的硬币之间具有明显的连续性，在硬币铸造工艺上也有显著的相似性，但在大多数情况下，铸造阿基劳斯时期硬币似乎需要比希律王时期硬币花费更多的工夫。此外，阿基劳斯硬币的艺术水平在某种程度上更高，而且也没有发行希律王时期那种重量非常轻的硬币。

阿基劳斯时期的硬币主要是在耶路撒冷与耶利哥城的南部中心地区，以及恺撒里亚西北部这两个地区被发现的。相当多数量的阿基劳斯时期的硬币也在马萨达地区中希律王时期的地层出土。所有阿基劳斯时期的硬币都是在一个集中有限的领域里被发现的，他父亲希律王时期的硬币，则是在相对较宽广的分散的领域里被发现的。

随着公元 6 年希律·阿基劳斯被罗马人逐出以色列，耶路撒冷的希律王朝货币铸造工作也随之终结。希律硬币的地位被罗马行政长官硬币所取代（见附录 A：罗马行政长官治理时期的硬币）。

# 3. 希律·安提帕斯时期
## （公元前 4 年—公元 39 年）

希律·安提帕斯从他父亲希律王那里继承了加利利和佩拉亚（外约

且地区）的领土。形成四王共治局面，他的领土主要是犹太人居住地区。事实上，安提帕斯硬币上的符号都具有较强的犹太特征。

安提帕斯硬币异于希律王时期货币的主要特征有三个。

**（1）铸造风格**

希律王时期和阿基劳斯时期的硬币均相对较薄，均以"perutah"为币值单位，即使最重的硬币重量也不超过 7 克。然而，安提帕斯时期发行的硬币则用较厚的模具铸造，采用了与以往不同的铸造技术，至少采用了五种币值单位，最重的硬币重量甚至超过了 17 克。

**（2）年表（大事记）**

希律王时期的硬币一般都是未注明日期的，但只有一组除外，它们有相同的日期；而所有的安提帕斯时期硬币都有明确的日期，且这些日期是没有异议的。然而，有一种相当奇怪的情形一直找不到真正恰当的解释。安提帕斯直到他 24 岁那年，也就是公元 19 年或公元 20 年才开始发行硬币，这可能是因为需要多年的准备才能在他的新首都建立一个铸币厂。从安提帕斯统治期间所有的大事记中可知，硬币是从他 24 岁开始发行的，一直持续到他 43 岁，这也是他统治的最后一年（公元 39 年）。

**（3）象征符号**

所有关于安提帕斯硬币的设计，除了后文将会介绍的（特例）之外，都具有明显的犹太特征，这样的设计无疑是为了满足占多数的犹太民众，而且也可以被其他宗教的信众所接受。这些设计灵感来自棕榈树及其树枝、椰枣树和枣树枝干。

到目前为止，75 号硬币上的"树枝"还没有被确定和识别。在大多数情况下，人们往往简单地仅以"树枝"来称呼它。马登认为这是一枝无花果或橙树的树枝。由于现存若干枚这种硬币漂亮、清晰的标本，我们可以较为轻松地判断出硬币上可以看到那个所谓的"树枝"直直垂下，长有椭圆形的果实，像是一堆带茎的枣子。此外，硬币上的枣树没有叶子，这一点与其他硬币上这种带叶子的果树枝杈有所不同。

进一步支持这一观点的事实是，几乎所有安提帕斯硬币的设计都与枣树有关。这一簇簇的枣子，就这样补充了安提帕斯时期与印有棕榈树硬币不同系列的硬币。在他的许多硬币上都刻着带有两串枣子的棕榈树（不幸的是，现存的此类硬币样本大多品相不佳），这一特征与75号硬币十分相似。

**芦苇符号的设计及其意义**

在63号硬币、64号硬币和65号硬币上都出现了同一种植物，乍一看就像其他安提帕斯硬币上的棕榈树枝一样。但仔细观察就会发现，硬币上的"棕枝"是向下弯曲的，而正常的棕榈树树枝则是完全直立的。因此，对于这种在形式与逻辑上都与芦苇非常符合的设计肯定还会有其他角度的解读。芦苇的设计曾在不同的硬币上多次出现，它们会出现在一个直立的树枝上，树枝右边和左边的叶子都向下弯曲，正像这些出现在安提帕斯硬币上的图案一样。

对这一设计的解释可以从仅在它们上面出现的特殊日期上得到。

在所有带有明显芦苇设计的硬币中，都刻有表示日期的字母"LKΔ"，表示的是（其统治的）第24年，也就是公元19年或公元20年。安提帕斯硬币上的这个日期直到最近才由斯派克曼推测得出并正式发布。从那以后，人们已经能够甄别出在二十多种安提帕斯硬币中出现的三个不同教派。这是非常有趣的。迄今为止，人们都知道，安提帕斯硬币是在他统治的第33个年头（*LΛΓ*）（即公元29年）开始流通的。从这个年代开始，这些硬币几乎一直在被铸造，直到他统治的最后一年。奇怪的是，在他统治的第24年，也就是在他开始定期发行货币的9年前（或者可能只是7年前，如果我们考虑到66号硬币的首次发行，可以看到最久远的日期为*LΛΑ*，是其统治的第31年，也就是公元27年），在三个不同的教派中突然出现面值相对较大的一系列硬币，所有硬币上都标有日期*LKΔ*，而在硬币的另一面则有史以来第一次刻上了提比利亚城的名称。

我们从与提比利亚城有关的罗马硬币上可以判断出，其建城时间大致为公元 17 年至公元 22 年，而且可以确定是由希律·安帕提斯所建。而在提比利亚发现的硬币上可以看出，在公元 19 年或公元 20 年就已经有了体现有芦苇图案的设计。这不仅允许我们缩小建成提比利亚城的时间范围，更重要的是，这些硬币对判断提比利亚城始建于公元 19 年或公元 20 年这一时间形成了独特的支撑。这个系列的硬币很可能是为纪念提比利亚城的建立而发行的——这也是与这些硬币有关问题的关键所在。

如果考虑到只有在这些硬币上出现过芦苇图案的话，那么我们可以推测安提帕斯想要以芦苇图案这种特殊的设计来象征提比利亚的建成。芦苇是提比利亚城所在地区最为常见的植物，因此可以作为一个含义明确的象征符号来代表新城市的面貌。事实上，这种设计也出现在其他靠近水源的城市的硬币上。

我们可以根据硬币的设计风格和制造工艺推断出，包括那些没有刻有铸币厂所在地在内的（73 号硬币、74 号硬币、75 号硬币）所有安提帕斯时期的硬币都铸于提比利亚。

在他的硬币上，安提帕斯被称为 *HPΩΔHC TETPAPXHC*（分封的希律王）或采用所有格称为 *HPΩΔOY  TETPAPXOY*。安提帕斯硬币可以以这样的方式与他的兄弟菲利普的硬币区别开来，他的兄弟菲利普虽然也是一个分封王（四王之一），但在他发行的硬币上印的是菲利普，而不是希律的国王。

安提帕斯硬币主要在以色列领地的北部地区被发现，在犹大地区没有发现他的硬币。这一重大事实似乎表明，这些硬币仅仅是为当时的"四王共治"的局势需要而设计的。

有一类安提帕斯时期的硬币相对少见，它们由劣质青铜铸造而成，且目前的保存状态普遍较为堪忧。提比利亚铸造的第一枚罗马硬币与安提帕斯时期的硬币非常相似，其设计灵感就来源于安提帕斯时期的硬币。[1]

---

① 伊尔. 大英博物馆目录：巴勒斯坦. 伦敦, 1914.

表 4-1                         希律·安提帕斯硬币上的日期列表

| Year 24 | 公元 19/20 年 | Year 36 | 公元 31/32 年 |
|---------|------------|---------|------------|
| Year 31 | 公元 26/27 年 | Year 37 | 公元 32/33 年 |
| Year 33 | 公元 28/29 年 | Year 43 | 公元 38/39 年 |
| Year 34 | 公元 29/30 年 |         |            |

# 4. 希律·菲利普二世
## （公元前 4 年—公元 34 年）

　　希律·菲利普二世是希律王朝第一位发行具有完全异国设计风格硬币的统治者，其中最突出的变化是硬币正面的罗马皇帝头像的设计和硬币背面的异教庙宇的设计。采用这一设计的主要原因在于菲利普所统治的领土上的居民结构。菲利普统治的地区主要是非犹太居民的地区（戴高乐、巴塔那、奥拉尼提和特拉可尼），而他的两个弟兄——阿基劳斯和安提帕斯统治地区的居民以犹太人为主。因此，他并不想在硬币上过多彰显犹太风格的设计。此外，对于菲利普统治下的叙利亚人口而言，犹太风格的象征符号作为一种异域符号难以理解。菲利普的硬币非常罕见，而且显然都是在它们被发现的地方——菲利普建造的恺撒利亚城铸造。菲利普甚至在其中一种硬币（83 号硬币）上被尊为"奠基者"（*ΚΤΙΣΤΗΣ*）。

　　在已知的他最早发行的硬币（76 号硬币）上印有日期 LE（其统治的第 5 年），即公元 1 年，首次发布这枚硬币的赖芬贝格认为这一特征非常不同寻常。[①] 在硬币正面奥古斯都头像的周围刻有名字，然而令人意外的是这个名字是希律·菲利普的名字；硬币背面的一座四柱式的寺

---

　　① 赖芬贝格. 没有发行和通用的犹太货币. 以色列探索公报，1950—1951（1）：160 - 169.

庙，周围刻有罗马皇帝的名字和称号。目前仅存的这枚硬币收藏于赖芬贝格收集的一个独特副本中。在菲利普的所有其他硬币上都有这样一种普遍的特殊设计，即硬币正面是皇帝头像及围绕在头像周围的皇帝名字，硬币背面是寺庙图案及围绕在图案周围的菲利普的名字和头衔。

菲利普没有发行低面额的硬币，并且其发行过的最轻硬币每枚都不少于3.8克。这与他弟兄们发行的硬币形成对比，安提帕斯发行的最轻的硬币以及阿基劳斯发行的多种硬币每枚重量约为1.2克。

菲利普硬币与安提帕斯硬币相类似，流通范围较为有限。例如，在犹大地区至今还未发现过菲利普硬币。有趣的是，在塞浦路斯开采铜元素的时候曾发现了一枚菲利普的硬币。[①]

自从菲利普硬币首次曝光以来，硬币上的年代就会不时地被补充。目前已知的年代如表4-2所示。

表4-2

| Year 5 | 公元1年 | Year 30 | 公元26/27年 |
|---|---|---|---|
| Year 9 | 公元5/6年 | Year 33 | 公元29/30年 |
| Year 12 | 公元8/9年 | Year 34 | 公元30/31年 |
| Year 16 | 公元12/13年 | Year 37 | 公元33/34年 |
| Year 19 | 公元15/16年 | — | — |

菲利普时期的几种硬币上都出现了附加记号，而几乎所有第19年的硬币上都有一些戳记。说来奇怪，这些戳记在大多数硬币上都出现过。部分戳记中的字母可以被辨别出来。但除了菲利普的名字以同样的字母开头之外，我们不能对此做出任何其他解释。

菲利普死后，他的领地被并入了罗马帝国的叙利亚行省。

---

① 科斯（D. H. COX）. 在库里翁发掘的硬币. 纽约，1959.

# 5. 阿格里帕一世

## （公元 37 年—公元 44 年）

公元 37 年，盖尤斯·卡利古拉成为罗马皇帝，他任命阿格里帕作为"四王共治"时期希律·菲利普和莱萨尼亚斯的国王。阿格里帕与卡利古拉交情颇深，他们早在卡利古拉成为罗马皇帝之前就已是挚友，而阿格里帕也因此才得到了这一任命。阿格里帕在卡利古拉统治的第 1 年一直留在罗马，但在这之后他得到了卡利古拉皇帝的许可，前往以色列的领地建立自己的王国。因此，阿格里帕的第一款硬币发行于他正式统治的第 2 年，并且由位于首都帕尼亚的铸币厂所铸，而这一铸币厂是四年前希律·菲利普死后留下的。

与此同时，希律·安提帕斯的妻子，也就是阿格里帕的妹妹希罗底对阿格里帕的新地位十分妒忌。正因为她的阴谋算计，公元 39 年，安提帕斯被流放到高卢的 Lugdunum，也就是现在的里昂。安提帕斯把他四王共制下的权力转移至阿格里帕。

公元 41 年，盖尤斯·卡利古拉遇刺身亡，阿格里帕成功地成为新皇帝克劳狄斯早期的朋友和支持者之一。克劳狄斯为表达对阿格里帕的感激，甚至在成为皇帝之前就已授予他在卡利古拉时期统治的领土，还将除加沙、戈达拉和希玫斯之外此前由希律王统治的地区一并授予阿格里帕。因此，在希律王死后的第 45 年，以色列又一次被单一统治者统治，而阿格里帕一世正是希律王和哈斯摩尼家族的米利亚之孙。

除了他统治的第 2 年（85 号硬币）和第 5 年（86 号硬币）所发行的两种硬币之外，阿格里帕时期所有的硬币都是在克劳狄斯皇帝统治下发行的。他最早的硬币（85 号硬币、86 号硬币、87 号硬币）显然是在帕尼亚铸造的，那里是他统治时设立的第一个首都，直到后来控制以色列全国后，他才将硬币铸造中心迁至其他地方。

在阿格里帕一世发行的硬币中，最常见的是一种刻有时间 *LS*（第 6

年）的单位为"perutot"的硬币。这种硬币可能铸造于耶路撒冷或恺撒利亚，是罗马检察官系列硬币的延续，而后者的铸造工作在提比略皇帝统治的第 18 年（公元 31 年）时，在本丢·彼拉多最后一次铸造后被搁置。

这些硬币的设计和犹太民族传统的原则不相冲突，这是因为在阿格里帕统治的地区，犹太人口占大多数。他的这些硬币没有像其他货币一样刻有他本人头像，而是采用了一个树冠的设计（88 号硬币），这是一种广为人知的东方君主政体的象征符号。[①] 而其他所有印有他或罗马皇帝头像的硬币，显然是为了供非犹太人定居的地区所使用。事实上，犹太人居住的地区至今都没有发现过这种带头像的硬币，而与之相反的是在耶路撒冷附近发现较多带有树冠设计的硬币。90 号硬币和 92 号硬币无疑是在恺撒利亚铸造的，这在硬币是上表现为标有 *ΚΑΙΣΑΡΙΑ ΗΠΡΟΣ ΤΩ ΣΕΒΑΣΤΩΛΙΜΗΝΙ*（恺撒利亚附近有一个名为 Sebastos 的港口）。所有在阿格里帕统治的第 7 年和第 9 年所发行的硬币也都可能是在恺撒利亚的铸币厂铸造的。

目前学界对阿格里帕时期发行的大部分硬币已有较多研究，但结论还不能得到足够的支撑。在 86 号硬币、87 号硬币、89 号硬币和 93 号硬币上出现的一些以往不确定的设计细节也得到了进一步的解读。笔者在此没有提出自己的相关见解，仅介绍一下已有的研究成果。

在 86 号硬币和 87 号硬币上可以明显地看到一个人站在战车里的图案，但不能确定这个人是否就是阿格里帕。

89 号硬币和 91 号硬币上出现的寺庙场景非常模糊，很难理解图案中的四个人到底在那里做什么、他们是谁、他们手里又拿着什么东西。

主要的争议集中在 93 号硬币上。这种硬币现存的三枚标本（其中一枚馆藏于巴黎国家图书馆，另外两枚馆藏于耶路撒冷的博物馆）上的

---

① 梅珊. 阿格里帕时期货币上的符号. 以色列勘探公报，1958（12）：157 - 160.

图案都不太清晰。理解硬币上的图案设计的含义相对容易，难点在于对硬币上铭文的解读。在硬币的一面上出现了一个人物，这个人物明显是阿格里帕，两个女人（她们是谁？）正在为他加冕，而另一面上则出现了两只紧握对方的手。根据硬币上较为模糊的铭文推测，这两只手可能寓意着罗马皇帝和阿格里帕之间签订的条约。而约瑟夫斯①认为这两只手是阿格里帕与克劳狄斯在罗马的一次会议上的握手。最近新发布的两枚这种硬币丰富了此前巴黎国家图书馆中仅有的一枚标本，但这不仅没有帮助我们进一步破解其铭文，反而制造出新的困难。我们还需等待一枚图案清晰、没有损伤的硬币的出土，这样才能进一步展开研究。

阿格里帕一世被认为是第一位将自己的头像印在硬币上的犹太统治者，这一行为对犹太民族和犹太历史的重要意义在此不便详细展开讨论。不过这一特征有助于让我们更好地了解阿格里帕一世这位第二圣殿时期最重要的统治者之一所发行的硬币。

表 4 - 3            阿格里帕一世硬币上的日期列表

| 盖尤斯·卡利古拉统治时 | | 克劳狄斯统治时 | |
|---|---|---|---|
| Year2 | 公元 38/39 年 | Year6 | 公元 42/43 年 |
| Year5 | 公元 41/42 年 | Year7 | 公元 43/44 年 |
| | | Year8 | 公元 44 年 |

# 6. 阿格里帕二世
## （公元 50/56 年—公元 95 年）

阿格里帕二世在罗马接受教育，当时是克劳狄斯执政时期。他 17岁（公元 44 年）时，父亲阿格里帕一世去世。然而他当时还太年轻，无法继承王位，所以克劳狄斯就派罗马行政长官法杜斯到犹太代替他。

---

①   约瑟夫斯．犹太文物，XIX，5，J，275.

公元48年或公元49年，卡尔基斯地区的统治者去世，克劳狄斯将卡尔基斯地区作为领地赐予阿格里帕。阿格里帕又在公元53年把卡尔基斯地区与"四王共治"时期菲利普的领地进行交换。公元54年，尼禄成为罗马帝国皇帝后将包括提比利亚在内的其他地区一并授予他。公元66年，犹太反抗罗马统治的战争爆发了。由于阿格里帕的亲罗马立场以及反对犹太对罗马宣战的态度，他得到了罗马元老院的支持，并被允许统治相当长的一段时间。在此期间，他至少经历了八位罗马皇帝的更迭。在他死后，希律王朝的统治也寿终正寝。

在塞日格①最近发表的一篇文章中，犹太古币领域中最令人困惑的问题之一——阿格里帕二世硬币上的年代问题似乎已经得到了解答。

如下三个主要因素引出了与这个主题相关的许多问题。

（a）有一部分硬币上印有两个年份。为什么会有这种双年份情况？它们指的是哪些年份呢？

（b）印有相同年份的硬币上却印有不同的罗马皇帝名字——维斯帕先、提图斯和图密善。这样的硬币都是属于同一时代的吗？

（c）约瑟夫斯所说的阿格里帕二世在位第1年的年份与部分他所发行的硬币上显示的年份不相符合。

阿格里帕二世的硬币可以分为三大类。

（1）印有较早年代的硬币（94号硬币—100号硬币）。

（2）印有其统治的第十四年及之后年代的硬币（101号硬币—139号硬币，144号硬币—147号硬币）。

（3）印有拉丁铭文的硬币（140号硬币—143号硬币）。

约瑟夫斯认为阿格里帕二世实际开始统治的第1年是在公元49年或公元50年，许多人受此误导认为应从这时开始计算他的执政年份。然而，在德鲁兹山等地发现的硬币上的铭文显示，阿格里帕二世在图密善统治时期发行的硬币（141号硬币）提到了图密善在位第12年，而

---

① 塞日格. 阿格里帕二世时期的货币. 钱币收藏，1964（6）：55 – 56.

在弗拉维王朝时期发行的硬币上刻有第 20 年的字样，这些证据均排除了阿格里帕二世是在公元 50 年左右开始统治的可能性。Seyrig 认为阿格里帕二世统治时期可分为两个阶段，第一阶段开始于公元 56 年，第二阶段开始于公元 61 年。第二阶段发行的硬币明显少于第一阶段发行的硬币。

在公元 61 年开始发行流通的硬币是在图密善大帝第 12 个执政年份发行的（141 号硬币、142 号硬币、143 号硬币），并在硬币上出现了双年份。在每一个带有双年份的硬币（99 号硬币、100 号硬币）上，其两个年份之间相差 5 年。

塞日格认为，除上述第三种带有拉丁铭文系列的硬币（140 号硬币—143 号硬币）之外，所有发行于弗拉维王朝——维斯帕先、提图斯和图密善三位皇帝统治时期的硬币都应被划分在阿格里帕二世统治的第一阶段内。因此，无论硬币上刻的是维斯帕先、提图斯还是图密善的名字，只要是刻有"第 14 年"的硬币都应该是铸于公元 69 年或公元 70 年。与此同时，阿格里帕二世在弗拉维王朝时期发行的所有硬币都是从第 14 年开始的，而这一年即为维斯帕先上位罗马皇帝的年份。

一个较为意外的发现是，早在公元 69 年至公元 70 年左右，阿格里帕二世的硬币上已出现了提图斯的名字，而图密善的名字同这一时期相关联更是让人出乎意料。但无论看起来多么不寻常，这并非完全不可能的。东部的一些城市早在公元 70 年就已开始铸造刻有图密善和提图斯名字的硬币。实际上，在维斯帕先和提图斯离世后的许多年里，阿格里帕仍在发行印有他名字的硬币，而这种做法与同期罗马帝国的货币发行活动存在一定的相似之处。

阿格里帕在弗拉维王朝时期的硬币发行工作贯穿于他统治的第 14 年至第 35 年。这一时期不可能从约瑟夫斯所说的公元 49 年或公元 50 年开始，如此一来，阿格里帕在其统治的第 14 年在弗拉维王朝时期发行的硬币，就是在尼禄时期发行的，比维斯帕先的登基整整早了四年，而其所有在第 20 年前发行的硬币都将早于维斯帕先的登基。而若阿格里帕是在公元 56 年弗拉维王朝后才开始铸造印有这几位皇帝名字的硬币似乎更能说得通。如果按上述方法计算，那么阿格里帕硬币上涉及的最后一年——"第 35 年"对应的应该是公元 91 年。

从公元 61 年开始计算年份的硬币也可能适用这种计算方法。这一阶段的"第 14 年"即公元 75 年，"第 35 年"即公元 96 年，这一年也是图密善大帝逝世的年份。但如果是这样的话，就会在公元 69 年至公元 75 年之间出现一个硬币"真空"阶段，阿格里帕在此期间完全没有铸造新币，但是，按说他应该会为这一时期发生的维斯帕先登基发行"诸侯铸币"。因此，本书更倾向于接受硬币发行的年份是从公元 56 年开始计算的观点。此外，弗拉维王朝时期阿格里帕二世发行的所有硬币年份都是从第 14 年开始的事实，更加印证了那年是公元 69 年或公元 70 年——当时是阿格里帕在罗马帝国历史上发挥重要作用的一年——而不是没有什么特殊纪念意义的公元 75 年。

阿格里帕二世在弗拉维王朝时期发行的硬币风格统一，并且与其他系列硬币形成区分。硬币上的希腊铭文、造币工艺以及所刻的符号都遵循同样的原则。不过有一小部分阿格里帕硬币却具有与这种统一的模式完全不同的特征。这些硬币上印有拉丁铭文（140 号硬币—143 号硬币）。硬币上除了刻有当时阿格里帕的执政年份之外，还刻有图密善皇帝的执政年份。根据这些证据可知，刻有拉丁文的硬币是从公元 61 年，而不是从公元 56 年开始计算年份的。

根据塞日格的观点，这种硬币上计算年份的方法与其他较为常见硬币的计算方法不同。这种硬币明显与公元 61 年有某种重要关联，也因此才采用了与其他弗拉维王朝硬币有所不同的年份计算方法。

但年份计算方法的变化仅是这些硬币间一个相对较小的差异，而主要的不同则体现在硬币上的符号、铭文以及铸币工艺。这些硬币是由一位技艺高超的艺术家设计铸造的，他使用的模具篆刻较深，且这些硬币坯子上的铜质层相对较薄，含铜量较高。

绝大部分阿格里帕二世的硬币都是从公元 56 年开始计算年份的，

只有一小部分刻有双年代和拉丁铭文的硬币是从公元 61 年开始计算的。

截至目前，还有一组阿格里帕二世时期硬币没有得到彻底研究，尽管对于它们的解读十分重要。

**印有尼禄头像的硬币**

阿格里帕二世时期的硬币中，有一组硬币上印有尼禄的头像（95 号硬币、96 号硬币、97 号硬币）。而在所有的阿格里帕硬币中，除 94 号硬币因现有样本铭文模糊无法判断外，仅有这组带有尼禄头像的硬币没有标明年代。

这些硬币真的完全没有标注具体年代吗？如果真是这样的话，那么这些硬币与阿格里帕二世所发行的其他硬币以及阿格里帕二世之前的统治者——阿格里帕一世、希律·安提帕斯以及希律·菲利普二世时期的硬币都不相同。如此看来，这些硬币上完全没有标明任何年代似乎是不太可能的。笔者对硬币背面的铭文提出了一种全新解读，那就是这些硬币上也暗藏年代信息。

马登及之后的一些学者认为铭文的最后一个单词是"$NEP\Omega/NIE$"，而完整形式应为"$NEP\Omega/NIE\Omega N$"，这是一种意为"尼禄尼亚斯人"的所有格的复数形式。不过令人惊讶的是，尽管在此期间陆续发现了几种铸于尼禄尼亚斯（帕尼亚）的硬币，虽然这些硬币上并没有直接出现阿格里帕二世的名字，但却明显是他所铸，然而直到现在还没有其他对这种铭文更加大胆的解读。这些硬币上城市名称的后缀以一种完全不同的形式呈现。其中一种硬币[1]上所刻的城市名是"$NEP\Omega NIA\Sigma$"。不过最能说明问题的一个例子无疑是阿格里帕二世时期发行的一种硬币（99 号硬币）。在 99 号硬币上印有铭文"$NEP\Omega NIA\Delta\ KAICAPI\ A\Gamma PI\Pi\Pi A$"。这个城市的名字与格（第三格）的形式应该为"$NEP\Omega NIA\Delta I$"，属格形式是"$NEP\Omega NIA\Delta OC$"。但无论如何，"$NEP\Omega NIE\Omega N$"这种奇怪

---

① 伊尔. 大英博物馆目录：巴勒斯坦. 伦敦，1914.

的形式都是站不住脚的。①

在这个全新版本的城市名称的基础上，我们认为应该用这样的方式来解读铭文：$E\Pi I/BACIAE(\Omega C)/A\Gamma PI\Pi\Pi(OY)/NEP\Omega NI(A\Delta OC)E$。

我们可以看到铭文结尾的字母 E 与城市名称毫无关系，笔者认为它其实是在暗示年代，也就是代表"年"的意思。

除上述思路外，笔者认为目前没有其他方法能够解读这段铭文。缺少"年"字（属格形式的 ETOY）的原因很可能是因为铭文过长而无法在硬币上完整呈现（类似的例子在希律·菲利普统治的第 9 年时发行的硬币上出现过，在这种硬币上同样没有出现"年"）。如果我们认为硬币上的"第 5 年"是从公元 56 年开始计算的，那么这些硬币即铸造于公元 61 年。那么是什么原因促使阿格里帕在这一年发行了三种面值不同，但铭文和年代全部相同的硬币呢？发行这个系列硬币的目的可能是为了纪念帕尼亚城的重建，以及该城在尼禄登基那一年改名为尼禄尼亚斯。因此，在阿格里帕二世发行的硬币当中，唯独在为纪念尼禄皇帝而发行的"建城纪念币"上出现了尼禄的头像。截至目前，我们尚不清楚尼禄尼亚斯城具体的建城时间。塞日格认为该城建于公元 62 年，不过根据我们对上述硬币的分析，这座城市实际上建于公元 61 年。

在对 95 号硬币—97 号硬币上冗长的铭文进行解读的过程中，笔者为三个目前观点较为模糊的问题给出了答案。

（a）分别发行三种面值不同但设计相同的硬币的原因。

（b）尼禄尼亚斯的具体成立时间。

（c）除了自公元 56 年计算年份的硬币外，还存在使用另外一种年份计算方式的硬币，这一点也是笔者首次正式提出的观点。

尽管我们都已经知道新年份的计算基准年是公元 61 年，但到目前为止还没有解释这一现象背后的原因。现在我们可以认为，采用自公元 61 年计算年份的原因是阿格里帕二世在尼禄尼亚斯建立了首都。

---

① 我的老师 Dv. B. Lifshitz 帮我阅读这些文稿。

　　带有双年份的阿格里帕二世硬币上的两个年代之间总是相差 5 年——而这些硬币上所刻的字母 E 代表着"5 年".

　　通过发行三种具有不同面值但其余设计完全相同的硬币来纪念一座城市的建立十分有趣。这也是这种纪念形式第二次出现在犹太硬币之中。我们在前文介绍过第一次出现的情况,希律·安提帕斯在他统治的第 24 年发行过同一系列的三种不同面值的硬币来纪念提比利亚城的建成。

　　只要没有刻有更早年份的阿格里帕二世时期的硬币被发现,那么我们就可以认为这种印有尼禄头像的硬币是他铸造的最早的一批硬币。这种解释也同样适用于安提帕斯为纪念首都提比利亚建城而发行的类似的硬币,这些硬币同样可能是安提帕斯最早发行的一批硬币。

# 第五部分 犹太人与罗马人之战时期的硬币

## （公元 66 年—公元 77 年）

在犹太人所铸的硬币中，对犹太人与罗马人战争时期的硬币的研究是最彻底、最广泛的，因此我们对这一时期的硬币的了解相对较早。一方面，这是由于舍客勒的美丽；另一方面，在硬币上没有名字，激发了学者们的兴趣，促使他们去正确识别这些硬币。克德曼①在最近发表的关于犹太战争的文集中，已经收集了大量的材料，证明了货币主义者、历史学家和艺术家对这些货币表现出的特别兴趣。我们不打算谈论这个问题，只是增加一些补充。

由于这些文章的发表，这种类型的货币在美利坚合众国的一个私人收藏中被发现。这是一枚在犹太战争第 1 年发行的银色的四分之一谢克尔硬币（150 号硬币）。这枚硬币的出现对于货币学家来说完全是一个惊喜②，因为四分之一谢克尔的硬币在之前是未被发现的，除了有一枚第 4 年的含银量较低的硬币外，这一枚硬币与犹太战争时期其他的硬币

① 克德曼．公元 66 年—公元 77 年犹太战争时期的货币．耶路撒冷，1960.

② 这枚硬币由 V. C. Stefanelli 出版，参见《犹太战争第 1 年的新四分之一谢克尔》，载《以色列钱币杂志》，1964（2）：7。

完全不同。

毫无疑问，这个第 1 年的四分之一谢克尔硬币是真实的，它的制造技术、艺术和雕刻风格，与第 1 年战争中发行的舍客勒和半舍客勒硬币一样。

这里提到的另一种硬币是第 4 年的半谢克尔硬币（159 号硬币）。我试图跟踪其他半谢克尔硬币的收藏，但是最终证明，这个硬币是大英博物馆里唯一的这种类型的硬币，也是其他所有半谢克尔硬币仿制品的原型。

当我检查硬币的石膏铸型时，我感觉到日期"第 4 年（ =ㄱ)"也许可能是"第 2 年（ =ㄅ)"。ㄅ的一部分被抹去，使它看起来像ㄱ，至少在石膏铸型上看起来是这样的。但是，詹金斯，大英博物馆的货币保管者，认为这个日期不是ㄱ。奇怪的是，即使人们尽全力去寻找另一枚这种类型的硬币，但最终也没有找到。即使在马萨达的挖掘中，挖出了所有类型的现有客舍勒和半客舍勒硬币，包括三个十分罕见的第 5 年客舍勒①硬币，也没有发现一枚第 4 年的半客舍勒硬币。

在马萨达发现硬币的问题上，应该提到犹太战争时期的 minute half - perutot（157 号硬币）硬币的缺失②。这令人十分惊讶，因为第一次大量硬币的发现就是在这里，发现的数量是在以色列其他任何地方都找不到的。我们认为，这可以这样解释，这些 minute half - perutot 全部来自恺撒利亚，因为所有我们能追踪到的这种类型的硬币都在这里被发现。因此我们假设，这些硬币在恺撒利亚铸造，仅供本地使用。在那里也有数以千计的青铜币或当地仿品被发现，其中一些是在亚历山大港和推罗，其他的是典型的恺撒利亚硬币③。

另一组犹太战争期间的硬币在恺撒利亚被发现，这些硬币适于当地

---

① 见亚迪拉．马萨达．以色列勘探协会公报，1965（29）：91.

② 克德曼，46－59 号硬币。

③ 汉布格尔．恺撒利亚建造的半单位硬币．Atigot，1955（1）：115－138.

使用，这种硬币的面值比较小，人们复制了第 2 年和第 3 年（153 号硬币、156 号硬币）的 perutot。这些硬币似乎没有超出恺撒利亚的范围，至少不会有大量的硬币流出恺撒利亚。这些硬币很多都像推罗的硬币，有时很难区分它们①。

一种假设认为，这些在恺撒利亚使用的硬币，不是犹太与罗马战争时期在耶路撒冷铸造的硬币中的一部分。这种假设能够解释一种不寻常的现象。这种现象就是有些这种硬币上有命运女神堤喀或者罗马皇帝的头像，这与犹太战争时期的硬币是完全不同的。

这些硬币无疑是混合体，它结合了 pseudo - Tyrian 或者 pseudo - Ajexandrine 与犹太战争时期硬币的模具。所有这些硬币都有做工粗劣的特点，因为没有一个硬币拥有清晰完整的铭文。显然模具的雕刻师们没有理解这些铭文。

关于犹太战争时期硬币上的符号我们已经写了很多。在此我们只谈论这一问题。到目前为止，关于在谢克尔和半谢克尔硬币上面出现的从一个茎挂出三个果实的水果是什么还没有确切的结果。按照克德曼的说法，这些水果是石榴或者是小石榴，但这一说法并不能使所有人完全信服。一些植物学家也提出了其他的看法，例如认为这些是桃金娘树的浆果等。

我们尝试解释在第 4 年青铜硬币（161 号硬币、162 号硬币、163 号硬币）上的棕榈枝周围出现的颗粒或浆果。在犹太战争时期的硬币上，棕榈枝总是出现在柳树枝和桃金娘枝下面，在这些棕榈枝、柳树枝和桃金娘枝叶子的周围散落着颗粒或浆果。这些颗粒或浆果是什么呢？

研究桃金娘问题的密西拿②似乎提供了这个问题的答案。这里我们了解到，"如果桃金娘枝的尖端折断或者叶子被切断，再或者它的浆果比叶子多，那么它是无效的。但是如果浆果的数量少于叶子的数量，它

---

① 克德曼，51 号硬币、53 号硬币、54 号硬币、58 号硬币。

② 苏克棚，Ⅲ，2.

是有效的。

这些硬币表明，在第二圣殿时期，人们已习惯使用桃金娘树枝、叶子以及它的浆果。但是，就像密西拿所说的那样，只有浆果的数量不超过叶子的数量才被认可。

克德曼编译的文集讨论了第 4 年硬币的问题，对比第 2 年和第 3 年的青铜硬币，第 4 年硬币也发生了题铭和古文书方面的改变。在图表中，只有一种面值的硬币被重制，就是之前提到的四分之一面额的硬币。它通常的重量在 9 ~ 10 克（见 162 号硬币）。但是，对于 163 号硬币来说，这个结论被打破了，这个硬币的重量只有 5 克（见 16 号硬币）。

# 第六部分　巴尔·科赫巴战争时期的硬币

## （公元 132 年—公元 135 年）

目前仍有一个历史问题至今尚未得到解答，那就是爱利亚加比多连城是在巴尔·科赫巴战争之前还是之后建成的。如果爱利亚加比多连城是在战争之前建立的，那么便是引发战争的原因之一；如果是在战争之后作为罗马殖民地的一部分建立的，那么正式建成时间应该在公元 135 年叛乱被彻底镇压之后。

我们根据现有史料判断，爱利亚加比多连城应该是在巴尔·科赫巴叛乱之后建立的。在《密西拿法典》①中有这样的记载："伯特拉城被攻占，耶路撒冷城也被彻底摧毁。"这意味着耶路撒冷在被摧毁后成为罗马的殖民地，是在伯特拉灭亡和巴尔·科赫巴革命被镇压之后发生的。

然而，根据迪奥·卡西恩②的说法，巴尔·科赫巴战争爆发的原因是爱利亚加比多连城的建立以及朱庇特神庙的建造。

从历史发展的角度来看，这两种可能性都存在。如果我们倾向于接

---

① Ta'anit Ⅳ, 6.

② Dio Cassius, LXIX, 12, 14.

受迪奥·卡西恩的证据，那是因为一个有趣的硬币学观点——非常不幸的是，我们所掌握的知识并不全面。笔者在一年前左右曾有幸看到某古董商收藏的一批发掘于犹大沙漠北部地区的硬币，在这之中有约35枚铸造于图拉真皇帝和哈德良皇帝的罗马便士（铸造时间不晚于公元130年）。这35枚罗马便士中大约有5枚是巴尔·科赫巴战争时期所铸，其中一枚青铜材质的硬币锈蚀严重，它与其他罗马便士的表层都被绿色的锈迹所覆盖。这枚硬币无疑也来自同一窖藏。在对这枚硬币进行清理及复原时，我惊奇地发现这是一枚铸造于哈德良皇帝时期的爱利亚加比多连硬币。[①]

由于除爆发战争外很难发生埋藏货币的行为，我确信这枚硬币是在巴尔·科赫巴战争期间与其他硬币一起被埋藏起来的。既然那时已经铸造了爱利亚加比多连硬币，那么我们只能得出如下结论——爱利亚加比多连城作为罗马殖民地是在巴尔·科赫巴战争之前建成的，并在其建成后便开始铸造硬币。

因此，笔者认为爱利亚加比多连城是在公元130年哈德良皇帝巡视以色列期间建成的，而巴尔·科赫巴和他的追随者们在这之后决心彻底解放这座城市，并重建圣殿，重新开始在圣殿的祭拜活动。硬币上"大祭司以利亚撒"的字样以及明显与圣殿相关的符号都表明，当时起义斗士们的主要愿望是在这座经过近62年萧条的城市里，重新建立起承载宗教信仰的圣殿并恢复以色列的首都。

在巴尔·科赫巴时期的硬币上出现过的众多符号之中，几种在寺庙里使用的乐器尤为引人注目——各种各样的七弦琴和竖琴，以及在寺庙仪式中有着极其重要作用的号角。同样，硬币正面上出现的神庙以及酒罐、水壶等圣器则证明了耶路撒冷神庙在巴尔·科赫巴战争期间的特殊意义。在巴尔·科赫巴硬币上的"耶路撒冷"这个词上加粗强调显然是对于罗马人改变以色列首都的特征和名字的企图表示不满与反对。因

---

① 克德曼．利亚·卡皮托林纳的货币．耶路撒冷，1956，第4号．

此，在超过一半的巴尔·科赫巴时期硬币上都出现了"耶路撒冷"或"为了耶路撒冷的自由"的铭文。

巴尔·科赫巴硬币上出现的神秘人物"大祭司以利亚撒"与在圣殿重新开启的祭祀活动有关。巴尔·科赫巴作为一名普通信徒无法参与圣殿相关事务，因此，他需要这位"以利亚撒"祭祀的帮助。除硬币上提到他的名字之外，其他与这位祭祀相关的信息无从可知。

大祭司以利亚撒的名字仅在战争爆发当年（公元 132 年）铸造的硬币上出现过，而且这些硬币上均刻着两个错误的年份，其中一个年份较早，另一个年份较晚。出于某些不明原因，他的名字在战争爆发第 1 年后就再也没有出现过。

**铭文**

巴尔·科赫巴硬币上的铭文内容并不丰富，往往是相同的铭文出现在不同种类的硬币上。

A. 在"第 1 年"硬币上出现的铭文：

1）以色列救赎的第 1 年 לגאלת ישראל שנת אחת

2）耶路撒冷 ירושלם

3）以色列王子西门 שמעון נשיא ישראל

4）以利亚撒祭司 אלעזר הכהן

5）西门 שמע[ון]

B. 在"第 2 年"硬币上出现的铭文：

1）以色列解放的第 2 年 ש ב לחר ישראל

2）耶路撒冷 ירושלם

3）西门 שמע, שמעון

C. 在"第 3 年"硬币上出现的铭文：

1）为了耶路撒冷的自由 לחרות ירושלם

2）西门 שמע, שמעון

3）耶路撒冷 ירושלם

### 年代混合硬币

D. "第 1 年"和"第 2 年"混合硬币上出现的铭文:

1）以色列解放第 2 年（176 号硬币、177 号硬币）

2）以色列救赎第 1 年（176 号硬币、177 号硬币）

3）耶路撒冷（178 号硬币）

4）以利亚撒祭司（197 号硬币）

5）西门（171 号硬币）

E. "第 2 年"和"第 3 年"混合硬币上出现的铭文:

1）以色列解放第 2 年（194 号硬币）

2）为了耶路撒冷的自由（194 号硬币）

F. "第 1 年"和"第 3 年"混合硬币上出现的铭文:

1）为了以色列的自由（213 号硬币）

2）大祭司以利亚撒（213 号硬币）

铭文显示，每年的起义口号（不包括混合硬币上的铭文）都有不同的形式。

第 1 年的口号是：（第 1 年）以色列的救赎。

第 2 年的口号是：（第 2 年）以色列的自由。

第 3 年的口号是：为了耶路撒冷的自由。

众多学者对巴尔·科赫巴是否成功占领耶路撒冷的问题进行过讨论。本书比较认可阿龙[1]的观点，即巴尔·科赫巴占领并控制耶路撒冷长达两年。当时他控制着耶路撒冷，并宣称将解放以色列的全部领土。然而到了战争的第 3 年，他被迫从耶路撒冷撤退时，口号变成了"为了耶路撒冷的自由"，这句口号表达了他返回并重新征服这座城市的希望。

米尔登贝格[2]同样认为铭文"耶路撒冷"代表的是希望重新夺回这

---

[1] 阿龙．犹太在以色列密西集和塔木德时期的历史．耶哈撒冷，1956：31 - 33.

[2] 米尔登格．科赫巴叛乱时期以利亚撒货币.

座城市。然而他认为其他的铭文与实际情况或真实人物没有任何联系。最近在犹太沙漠洞穴中发现的巴尔·科赫巴的信件①（在米尔登贝格的文章出版之后）清楚地表明，硬币上出现的西蒙这个名字所代表的并不是随便指代的某位王子或领袖的名字，而是巴尔·科赫巴的真实姓名（或者如信件中以 Sim'on Bar Koseva 的名字称呼他）。这一发现也印证了此前米尔登贝格在文章中的观点。

**面值**

在整个犹太货币中，巴尔·科赫巴时期的硬币在很多方面都是种类最为丰富的，其中尤以数量颇多的面值闻名。我们认为这一现象的成因十分简单，那便是在战争爆发前夕，巴尔·科赫巴将以色列境内流通的硬币全部重新铸造。这些硬币的构成十分复杂，其中有些大小各异的青铜硬币是由以色列和叙利亚的铸币厂所铸，有些则是罗马狄纳里银币和叙利亚省级的四德拉克马银币。巴尔·科赫巴硬币以相同的面额为基础，这样就避免为了铸造不同硬币改变硬币坯子大小而必须切掉或锉掉模具的一部分。

从广义上讲，青铜硬币可分为如下三种主要面额。

1）小面额硬币（198 号硬币、213 号硬币、214 号硬币）。

2）中面额硬币（193 – 196 号硬币、211 – 212 号硬币）。

3）大面额硬币（168 号硬币、169 号硬币）。

在罕见情况下也曾出现过面额是大面额硬币两倍的硬币。例如，有一枚此前由 L. Werner 收藏、目前正在以色列博物馆展出的硬币就属于这种情况。它与 169 号硬币属于同一种类硬币，重量约为 45 克，而且很明显是在一块罗马勋章之上铸的。

一般而言，区分巴尔·科赫巴银币上的痕迹是来自原本的硬币还是来自二次印模比较容易。原因在于当时的铸币工匠们为了避免降低银币的含银量而没有磨去原本罗马银币上的纹路。然而，要想识别出四德拉

---

① 亚丁. 科赫巴的文字. 圣经考古学家, 1961（24）: 86 – 95.

马克银币上最初的痕迹却明显比识别罗马银币更加困难。

这是因为这种较厚的硬币在重新铸造过程中不易折断，因此对它们进行了更为彻底的加工锻造，导致硬币最初的设计痕迹几乎完全被破坏。而罗马狄纳里银币质地较薄且容易破碎，在加工锻造过程中对其挤压力度较小，因此，其最初的设计纹路仍然可以被识别出来，在少数情况下其原始纹路甚至仍然非常清晰。许多这种类型的罗马狄纳里银币都已经裂开，并且会不时地发现它们的碎片。这也说明它们在二次重铸过程中往往会出现断裂或者轻微破损的情况。随着时间的推移，那些带有轻微破碎的银币上的裂缝逐渐扩大，最终完全裂开。

由于铜币在二次重铸后应具有某一相同的重量，因此，其在被重铸之前首先会将原有纹路完全锉去。大部分经过二次铸造的银币依然保留一些硬币原本的纹路，然而这种情况却极少发生在铜币上。只有在非常少的情况下能够识别出铜币上原本的纹路（如 211 号硬币）。

### 罗马狄纳里银币上的穿孔现象

在 19 世纪末犹太硬币学文献中记载了一种奇怪的现象。几乎所有出现在这些文献中的巴尔·科赫巴硬币都是穿孔的。每个穿孔硬币上的孔洞都靠近硬币的边缘，这样就不会破坏硬币的设计。

巴尔·科赫巴战争时期的 18 枚硬币在马登关于犹太硬币的书中再次被提及，其中有 13 枚是穿孔的，还有莱维[1]著作中 9 枚硬币中的 8 枚和绍列[2]著作中 13 枚硬币中的 10 枚也都穿孔。什么样的已经用于其他目的的硬币会有如此高比例的样本？

20 世纪末曾发现过一处藏有数百枚巴尔·科赫巴时期银币的硬币窖藏。从那时起陆续发现的保存状况良好甚至几乎从未被使用过的巴克切巴时期的狄纳里银币进一步丰富了犹太硬币收藏。在所有著名的收藏名录里，包括大英博物馆、纳基斯、赖芬贝里的名录等，都有许多具有

---

① 莱维．犹太人的过去．莱比锡，1862.

② 绍列．犹太货币研究．巴黎，1854.

代表性的巴尔·科赫巴狄纳里银币标本的复制品，而这些标本几乎都来自 20 世纪末发现的硬币窖藏或其他同时期被发掘的窖藏。

在古代的所有种类的硬币中，只有非常少的一部分会被穿孔作为装饰品或护身符。然而巴尔·科赫巴时期的狄纳里银币却是个例外。如果我们排除那些在巴尔·科赫巴战争期间被藏匿起来而退出流通，以至于无法用来作为装饰品的硬币，那么这种硬币中穿孔硬币远远多于未穿孔硬币。

《密西拿法典》和《塔木德法典》中的部分章节记载了这种在硬币上穿孔的现象。

在《密西拿法典》① 中记载了利未人对器皿是否洁净的法条——"一个丧失货币意义并被挂在年轻女孩脖子上作为装饰品的硬币容易沦为不洁之物。"这意味着当时的罗马便士本非不洁之物，然而一旦将其穿孔并作为饰物则变成了某种"容器"，并因此而适用于上述利未人的法条。

我们对《密西拿法典》能够涉及这种因被穿孔而丧失货币意义，并且被用作饰物的罗马便士感到意外。

耶路撒冷《塔木德法典》② 讨论了第二什一税可以转换的硬币类型③，里边的参考法条针对可疑或无效的硬币而定。法条的文本如下：对于失效但被政府接受的硬币，裕杠以约纳旦的名义（说）：这就像一个空白。希点以约纳旦的名义（说）：这就像前国王发行的一枚硬币。它作为货币应该被接受，因为它上边的设计可辨认，第二什一税是与它交换的，但如果不是这样，第二什一税是不与它交换的。第二什一税并不与由一个反抗者所发行的硬币交换，如 Ben Koziva。

这句引言的重要意义在于，巴尔·科赫巴起义时期的硬币属于典型

---

① Kelim XII, 7.

② Yeru Shalmi（耶路撒冷，塔木德）Ma'aser sheni I, 2.

③ 申命纪 14：25.

的丧失货币意义的硬币。实际上，我们目前对于在《密西拿法典》成书时期（也就是公元200年之前）退出流通的硬币，除了巴尔·科赫巴硬币外还没有其他任何发现。因此，我们可以将巴尔·科赫巴硬币与前文所引用的《密西拿法典》中有关失去货币意义的罗马便士的内容联系起来，进而可以推测《密西拿法典》成书于巴尔·科赫巴战争之后，并且书中提到了在巴尔·科赫巴起义失败后那些除了作为挂在女孩脖子上的装饰品外别无他用的"前朝"硬币。人们很可能会认为这些精美的硬币除了具有美学价值之外，更具有一种伟大的情感价值，它能让人想起曾经的民族独立以及以色列往日的荣耀，而硬币上的符号让人回想起有关圣殿的宗教活动及圣器。正因为如此，即便这些硬币无法再作为货币流通，人们仍然没有选择将它们熔化重铸。任何熟悉 19 世纪时期犹太硬币学文献的人都会对将巴尔·科赫巴时期的罗马便士用作装饰物或吉祥饰物的现象有所了解。

值得注意的是，《密西拿法典》明确指出了是当时的罗马便士作为饰物，而不是当时的其他硬币。这是因为在《密西拿法典》成书时期，除了巴尔·科赫巴硬币外并没有在以色列发现其他穿孔的罗马便士。我们或许可以大胆推测《密西拿法典》的具体成书时间是在巴尔·科赫巴战争结束后，《密西拿法典》最后修订时间，大约介于公元 135 年和公元 200 年之间。

### 印有第十罗马军团标志的巴尔·科赫巴硬币

在许多货币收藏集中都涉及刻着若干种与罗马第十军团有关图案的巴克切巴铜制硬币，这些图案的纹路同样不是很清晰。与其他图案不同，这些出现在巴尔·科赫巴硬币上的图案毫无例外都刻在底层。具体原因如下。在公元 1 世纪末或公元 2 世纪初，部分流通铜币的以色列城市将当时驻扎在以色列境内的罗马第十军团的标志印在了硬币上。而后在巴尔·科赫巴战争期间，这些罗马硬币又被用起义者的模具重新铸造，这也算是同一枚硬币经历的第 3 次铸造。例如从 21 号硬币上可以看出，巴尔·科赫巴的重铸覆盖在此前已经存在的两个图案之上。其中一个标志是位于硬币左上方的一个颠倒的长方形，在它之中刻有罗马皇帝的头像。由于这一图案压铸程度较浅，因此在很大程度上被巴尔·科赫巴时期的重铸所覆盖。在这个标志的旁边还有另一个标志，它位于硬币中心，是一个内部刻有罗马数字 X 的小正方形，其所代表的含义是罗马第十军团。从第二个标记的直径来判断，其无疑与左边略有损伤的标志产生于同一时期。第二个标志很小，但却深深地刻在硬币上，并没有受到巴尔·科赫巴时期重新铸造的影响。这样就导致人们错误地认为巴尔·科赫巴时期专门将罗马第十军团的标志刻在硬币上。

这两个符号组合起来出现的情况大部分出现在公元 1 世纪末期的撒玛利亚城硬币上。

公元 135 年，罗马军团镇压了巴尔·科赫巴起义，以色列的犹太民族独立运动自此沉寂数代人之久，而犹太自治硬币的发行也成为往事。由于此后的第二圣殿时期再也没有铸造其他硬币，因此，从硬币学角度而言，这是一个终结。然而，这并不意味着犹太民族或是这个民族对于最终实现复兴与独立希望的终结。

# 附 录

## 附录 A 罗马行政长官治理时期的硬币
### （公元 6 年—公元 66 年）

罗马行政长官治理时期的硬币年表没有问题。所有这些硬币上，依照出现在硬币上的罗马皇帝的执政年份，都有清晰的日期。此外，在这些被发现的硬币上，大多数都可以读取所有的铭文和日期。

从行政官治理开始到犹太反抗罗马统治战争爆发，即公元 6 年—公元 66 年，有 13 位行政长官任命于犹大，其中不超过 5 位进行了铸币。

A. 在奥古斯都的统治下，3 名行政长官任命于犹大，其中 2 位行政长官进行了铸币。

1）康伯纽斯，公元 6 年—公元 9 年，在他执政的第 1 年铸造硬币。

2）安布鲁斯，公元 9 年—公元 12 年，在他执政的前 3 年进行了铸币。

安尼乌斯·韦鲁斯是奥古斯都统治下最后一位行政长官，没有进行铸币。

B. 在提比略统治下，除了安尼乌斯·韦鲁斯是在奥古斯都时期开始任命之外，有 3 位行政长官任职于犹大。其中有 2 位铸造了硬币。

1）瓦勒利乌斯·格拉图斯，公元 15 年—公元 26 年，从他执政的第 1 年，也就是提比略统治的第 2 年，一直到他执政的第 4 年都进行了铸币。在此之后，经过几年的间隔，他在执政的第 10 年再次铸造硬币。

2）本丢·彼拉多，公元 26 年—公元 36 年，是瓦勒利乌斯·格拉图斯的继任者，他从任职的第 4 年开始连续 3 年铸造硬币。

马塞勒斯是本丢·彼拉多的继任者，并没有铸造硬币，因为阿格里帕一世被任命为犹大国王，他的任期被缩短了。

在阿格里帕一世统治之后，罗马皇帝（克劳狄斯）再次派出行政长官到犹大。他们是安尼鲁多斯·韦鲁斯（公元 44 年—公元 46 年）、提比略·亚历山大（公元 46 年—公元 48 年）和文提狄斯·库马努斯（公元 48 年—公元 52 年），他们都没有铸造硬币。

之后是安东尼厄斯·费利克斯（公元 52 年—公元 60 年），在他执政的 9 年中，只有 2 年发行了硬币，一个是第 3 年，也就是克劳狄斯执政的第 19 年，另一个是第 7 年（公元 58 年）。他是行政长官统治期间第五个也是最后一个发行硬币的罗马行政长官。因此，罗马行政长官铸造硬币时间长达 53 年，其间有很长时间的间隔。

在一篇关于行政长官硬币的文章中，金德勒列出了他认为是迄今为止未知的额外日期[①]。在我们看来，他提到的实例没有提供任何决定性的证据，证明除了已经知道的行政长官硬币外，其他日期是正确的。这适用于他的文章中提到的所有类型的硬币。格拉图斯期间的硬币上的日期 $\Theta$ 和 $\Lambda C$（尤其是第 9 年和公元 36 年）体现出制作的粗心。这些字母与通常的字母完全不同，是在粗糙制造下产生的日期。应该提到的是，Gratus 的硬币在其一侧出现棕榈枝，另一侧出现在花圈内的铭文，这些硬币经常以非常粗糙的工艺为标志，不仅日期而且符号和设计都是粗糙的，铭文是颠倒的，并且包含错误。

---

① 金德勒. 行政长官时期硬币上的额外日期. 以色列探索杂志, 1956（6）: 54–57.

我们通常会发现古代硬币的设计和铭文都是非常粗糙的。在大多数情况下，这是由于雕刻师不知道硬币上写的是什么，而且对制作精确和清晰的模具态度漠然。例如，本丢·彼拉多时期的硬币上出现了一个lituus（230 号硬币、231 号硬币），这是十分粗心地雕刻上去的。正是在这些类型上发现了"额外日期"。

在清晰的、完整制造的本丢·彼拉多时期的硬币上出现"额外日期"也许能够容易解释。例如，经常出现在它们身上的日期 HZ，只不过是日期 LIZ 的错误，因为 L 的底部在雕刻的时候过高，与 I 连在了一起，从而形成了字母 H。在任何情况下，这都不能被视为新的日期，即"15"（H = 8 加 Z = 7），我们找不到以这种奇怪的方式写的第 15 年硬币，唯一被接受的方式是 IE，就像阿格里帕二世的硬币（102 号硬币）。

行政长官时期的硬币上出现的日期：

| | | |
|---|---|---|
| 奥古斯都统治时期 | 第 36 年 | 公元 6 年 |
| | 第 39 年 | 公元 9 年 |
| | 第 40 年 | 公元 10 年 |
| | 第 41 年 | 公元 11 年 |
| 提比略统治时期 | 第 2 年 | 公元 15 年 |
| | 第 3 年 | 公元 16 年 |
| | 第 4 年 | 公元 17 年 |
| | 第 5 年 | 公元 18 年 |
| | 第 11 年 | 公元 24 年 |
| | 第 16 年 | 公元 29 年 |
| | 第 17 年 | 公元 30 年 |
| | 第 18 年 | 公元 31 年 |
| 克劳狄斯统治时期 | 第 14 年 | 公元 54 年 |
| 尼禄统治时期 | 第 5 年 | 公元 58 年 |

过分关注那些粗糙雕刻的清晰日期可能会导致错误的结论。例如，因为希腊字母 C（= 6）有时会以与 Γ 类似的形式出现在行政长官康伯

纽斯的硬币上，因此可以获得日期 $\Lambda\Gamma$，即奥古斯都统治的第33年。但这个日期与约瑟夫斯的明确证据相冲突，即康伯纽斯在公元6年被送到犹大，而不是根据"新"日期，在公元3年康伯纽斯被送到犹大，这是另一个例子，显示了在很大程度上必须谨慎对待从而得出正确日期。

我们不能在这里给出行政长官时期硬币上出现的符号细节，只能给出几点一般特征。

行政长官康伯纽斯、安布鲁斯和格拉图斯铸造的第一枚硬币上有并不反对犹太传统精神的符号。像棕榈树、大麦穗、葡萄叶等设计，不与犹太教的精神相冲突，甚至受到犹太教的青睐。它们也反映了罗马帝国的政策，该政策希望各省之间建立和平安宁的关系。

在本丢·彼拉多时代，执政者与犹太人民之间的关系紧张，他对犹太人的精神和感情缺乏了解。这也体现在他所铸造的硬币上，例如 simpulum 和 lituus（229号硬币、230号硬币），它们确实是明显的异教罗马崇拜对象。毫无疑问，这些硬币是对人民的极端挑衅，并进一步冒犯他们的宗教情感。

安东尼厄斯·费利克斯对犹太人的态度是双重的。一方面，他寻求与贵族犹太人建立更密切的关系，甚至娶了阿格里帕二世的妹妹，另一方面，他和犹太群众之间不断有摩擦从而关系紧张。他的这种双重态度也体现在他的硬币上。除了无可争议的犹太符号，如棕榈树和棕榈树枝外（232号硬币、233号硬币），硬币上还出现了具有挑衅性质的象征，如罗马武器——长矛和盾牌，这象征着罗马对犹大的统治。

我们认为，费利克斯中断铸造硬币的主要原因之一是在尼禄的第5年，也就是在公元58年，铸造的硬币数量巨大（234号硬币）。这一年铸造的硬币数量不少于以往所有行政长官铸造硬币的总和。

在隐基底①发现了一个显然在费利克斯统治末期建造的窖藏，里面

---

① 这些钱币是在一个油灯中找到的，这个油灯被罗马时期的建筑隐藏，所以1965年马萨尔教授领导的在隐基底的考古探险没有发现它们。

包括由他铸造的所有 3 种类型的硬币（232 号硬币、233 号硬币、234 号硬币），共 92 枚，以及阿格里帕一世（见 88 号硬币）时期铸造的在费利克斯时代仍在流通的硬币，共 47 枚。

最后，是关于行政长官时代银币的说明。有 3 个我见过的瓦勒莱乌斯·格拉图斯时期的银币（见 224 号硬币）似乎是当今的伪造品。出于这个原因，它们不包括在硬币列表中，尽管在一切收藏中认为它们是真实存在的。

# 附录 B　在恺撒利亚铸造的
# 犹大法币（Judaea Capta）
## （公元 70 年—公元 81 年）

公元 70 年，罗马征服耶路撒冷，宣告着其战胜犹大。这似乎是弗拉维安王朝历史上最具有决定性的事件，因为维斯帕先和提图斯胜利的持续是一件非凡的事。与征服埃及后奥古斯都铸造的少量硬币相比，或者与为了纪念其他胜利（如分别于公元 1 世纪和 2 世纪战胜西班牙部落和德国）所铸造的硬币相比，为美化并颂扬战胜犹太人所铸造的大量罗马钱币尤为瞩目。在其中一些硬币上出现拉丁文铭文之后，该硬币就以 Judaea Capta 命名。人们大量铸造 Judaea Capta 硬币，有金币、银币和铜币，各种面额都有。在多种罗马的铸币中，Judaea Capta 铸币属于罗马自主设定主要基调的货币。

在恺撒利亚的铸币中也发现了 Judaea Capta 硬币，这些硬币不仅在罗马帝国行政官员执政期间和阿格里帕一世期间发挥作用，而且自尼禄皇帝十四年（公元 67 年）开始更为显著。

在恺撒利亚（只有这里），维斯帕先和提图斯使用的硬币局限于希腊货币，这是希腊化时期的遗产，对东方人民来说是可以理解的。因此，

拉丁文铭文 *IVDAEA CAPTA* 变成希腊铭文 *ΙΟΥΔΑΙΑΣ ΕΑΛΩΚΥΙΑΣ*，两者含义相同。

虽然 Judaea Capta 硬币不属于犹太人的硬币类别，但我们仍然将那些在恺撒利亚和罗马当局打算将其列为以色列居民所使用的 Judaea Capta 硬币视为犹太货币。这些硬币是犹太人为追求自由在耶路撒冷发起犹太战争的早些年铸造硬币这一辉煌篇章的悲伤续集。

这些硬币上刻有胜利女神 Nike 在悬挂于棕榈树上的盾牌上写字的图像，象征着犹大（235 号硬币、236 号硬币）。以皇帝姓名维斯帕先命名的这种货币数量有限，大量货币是以提图斯的名字命名的。另外两种类型的货币名称仅以提图斯命名，如 238 号硬币。大部分的犹太货币呈现在左边的奖杯下哀悼的图案。在极少数情况下，哀悼的形象才可能是男性。

显而易见，没有理由像有些人所做的那样，将 Judaea Capta 硬币包括在内，图密善硬币也是。这种错误源于许多年前，罗马铸造了一种铸币①，其中一面是罗马的 Judaea Capta 硬币的通常设计，即犹太人在奖杯下面哀悼，对面是一名罗马士兵，周围有铭文 "*IVDAEA CAPTA SC*"，而另一面是图密善的头像和铭文 "*IMP CAES DOMIT AVG GERM COS XI CENS POT PP*"。这意味着皇帝图密善也坚持通过货币图案使得罗马战胜犹大的历史成为永恒。但是这枚硬币是维斯帕先或提图斯的混合型硬币，在图密善在位期间，其前任继承者的身份曾被错误地使用过。因此，这是一个例外情况，没有理由认为图密善在某种程度上也与战胜犹大有关。除了这个不同寻常的例子之外，没有一个图密善的硬币提及犹大。因为他个人与其父亲维斯帕先和其兄弟提图斯战胜犹大的战役没有任何瓜葛。如果他在硬币上表现出任何胜利的象征，那肯定会与他在德国的战争联系在一起②。

---

① 马登. 犹太货币. 伦敦，1881：229.

② 韦斯博（M. Weisbrem）. 图密善在巴勒斯坦的铸币是否归属于 Judaea Capta 系列》. 以色列钱币公报，1962（1）：6 - 7.

# 图　　录

在没有其他说明的情况下，所有硬币均来自赖芬贝格。

同时，为了便于阅读铭文，必要时会在文字的单词或缩写之间插入一个实际铭文中没有的空格。

所有硬币都以实际尺寸复制在印版上。

# 波斯时期

## （公元前四世纪）

这组波斯一世的硬币全都以放大的形式印刷。

**X**

正面：张开翅膀的鸟（雄鹰）；头朝向右；在硬币的右上方，硬币上刻有铭文 **יהד**。

反面：百合花。

硬币是银制的，长 8.5 毫米，重 0.3502 克。收藏于 H. Bessin，现保存于加拿大。仅此一枚。

**1**

正面：东方风格的男性头像，朝向右。

反面：有猫头鹰和小的百合花。硬币上刻有铭文 **יהד**。

硬币是银制的，长 7 毫米，重 0.39 克。以前由 M. Salzberger 收藏，现保存于耶路撒冷，非常稀有。

**1A**

正面：空。

反面：有百合花，百合花下有小小的花环。

硬币是银制的，长 8 毫米，重 0.5350 克，稀有。收藏于 Hecht，现保存于海法（以色列城市），仅此一枚。

**2**

正面：空。

反面：猫头鹰，左边刻有铭文 **יהד**，右边刻有铭文 **יחזקיו**。

硬币是银制的，长 8 毫米，重 0.23 克。现保存于贝特族尔，仅此一枚。

**3**

正面：空。

反面：猫头鹰，刻有铭文 יהד，右侧疑似闪族语字符。

硬币是银制的，长 7 毫米，重 0.31 克。收藏于 E. Grosswirth，现保存于耶路撒冷，仅此一枚。

**4**

正面：戴着科林斯头盔的大胡子人头。

反面：坐在翼轮上的神，左手抱着雄鹰，右下方有一个小面具；上方刻有铭文 יהד。

硬币是银制的，长 15 毫米，重 3.29 克。现存于伦敦大英博物馆，极其稀有。

# 哈斯摩尼王朝

## 亚历山大·詹尼亚斯
### （公元前 103 年—公元前 76 年）

**5**

正面：花（疑似百合花）；周围刻有铭文 יהונתן המלך（约翰国王）。

反面：锚被车轮包围；周围刻有铭文 ΒΑΣΙΛΕΩΣ ΑΛΕΞΑΝ[ΔΡΟΥ]（亚历山大国王）。

硬币是铜制的，长 15 毫米，重 1.77 克。收藏于耶路撒冷的 Falgellation 博物馆，稀有。

**5A**

正面：带有半开叶子的花（疑似百合花）；周围刻有铭文 יהונתן המלך。

反面：被王冠包围的锚；周围刻有铭文 ΒΑΣΙΛΕΩΣ ΑΛΕΞΑΝΔΡΟΥ。

硬币是铜制的，长 15 毫米，重 1.82 克，非常稀有。

**6**

正面：棕榈枝；周围刻有铭文 יהונתן המלך。

反面：花（疑似百合）；没有铭文。

硬币是铜制的，长 12 毫米，重 1.33 克，极其稀有。

**7**

正面：被车轮（也可能是王冠）包围的锚；周围刻有铭文
ΒΑΣΙΛΕΩΣ ΑΛΕΞΑΝΔΡΟΥ。

反面：空。

硬币是铅制的，长 19 毫米，重 4.01 克，非常稀有。由耶路撒冷的
E. Grosswirth 收藏。

**7A**

正面：同 7 号硬币。

反面：刻有铭文 אל[כסנ/דרוס（亚历山大，根据斯派克曼的著作）。

硬币是铅制的，长 19 毫米，重 3.93 克。收藏于耶路撒冷 Falgel-
lation 博物馆，仅此一枚。

**8**

正面：被装饰线包围的锚；周围刻有铭文ΒΑΣΙΛΕΩΣΑΛΕΞΑΝΔΡΟΥ。

反面：八角星；在每个角之间刻有铭文 יהונתן המלך。

硬币为铜制，长 15 毫米，重 2.62 克。

**8A**

除装饰线的结更清楚外，其余与 8 号硬币相同。硬币为铜制，长
15 毫米，重 2.60 克。收藏于耶路撒冷的 Falgellation 博物馆。

**8B**

除正面的图案与反面相同外，其余与 8 号硬币相同。硬币为铜制
的，长 15 毫米，重 2.81 克。

**9**

正面：被圆包围的锚；周围有铭文[ΒΑΣΙΛΕΩΣ] ΑΛΕΞΑΝΔΡΟΥ。

反面：被珍珠圈包围的八角星；周围刻有神秘铭文，类似于方形希

伯来语脚本，在某些情况下，可能是 **אלכסנדרוס**，也可能是 **יהונתן המלך**。

硬币为铜制的，长 15 毫米，重 1.12 克。

**10**

正面：被圆包围的锚；没有铭文。

反面：星星；周围刻有仿制铭文。

硬币为铜制的，长 11 毫米，重 0.53 克。这可能是最常见的犹太货币，拥有原始的样子。

**11**

正面：被圆圈包围的锚；没有铭文。

反面：用六颗颗粒代替角的星形；没有铭文。

硬币为铜制的，长 10 毫米，重 0.46 克。

**12**

正面：被花圈包围的铭文：**[היהדים]יהו/נתן הכ/הן הגדל/וחבר/** （大祭司约拿单和永远的犹太人）。

反面：两个羊角（丰饶的象征），角之间刻有石榴。

硬币为铜制，长 19 毫米，重 2.08 克。

**13**

正面：被花圈包围的铭文：**יהות/תן כהג/דול וחב/יה**。字体的风格与 12 号硬币不同。

反面：与 12 号硬币相同。

硬币为铜制的，长 19 毫米，重 1.91 克。

**14**

正面：被花圈包围的铭文：**יהדי/םיהונת/ן כהן גד/ל וחבר/**。根据金德勒的分类，刻字的风格是"草书"。

反面：与 12 号硬币一样刻有两个羊角。

硬币为铜制的，长 14 毫米，重 1.90 克。收藏于耶路撒冷的 M. Rosenberger。

**15**

正面：被花圈包围的铭文：‏יתן הכהן/...‏。铭文是一种粗糙的风格，难以辨认。

反面：与 12 号硬币一样刻有两个羊角。

硬币为铜制的，长 14 毫米，重 2.05 克。收藏于耶路撒冷 M. Rosenberger。

**16**

正面：模糊的铭文被花圈包围。

反向：两个羊角，角之间有石榴。

这枚硬币的做工非常粗糙，是铜制的，长 19 毫米，1.87 克。由 Yif'at 的 M. Yafeh 收藏。

**17**

正面：被花圈包围的铭文：‏ינתן/הכהנה/גדל וחב/ר היה‏，可见王冠、锚和几个字母——**ΑΛ.. ΣΙΛΕΩΣ**——是在前一枚硬币（见 5A 号硬币）上被重新铸造的。

反面：与 12 号硬币一样刻有两个羊角，还可以看到前一枚硬币百合花半开的叶子的痕迹（见 5A 号硬币）以及它的一些字母：‏יהונתן...‏。

似乎超过 90% 的硬币，以前的百合花和锚类型（5 号硬币）都是用这种类型的硬币重新铸造的，如本标本中的两只羊角。在每种情况下都会出现名称 ‏ינתן‏ 而不是 ‏יהונתן‏。

硬币为铜制的，长 16 毫米，重 2.59 克。收藏于耶路撒冷以色列银行。稀有。

**17A**

正面：疑似百合花；周围刻有铭文：‏יהותת... לך‏（约拿单国王），新铸造的羊角的痕迹是可见的。

反面：被花圈包围的铭文痕迹：‏.../הכהן /ה...‏。

在这个铭文下面和周围，是前一枚硬币的锚，它的周围有圆圈的痕迹，以及早期的一部分铭文 ...ΛΕΞΑΝ...

这是很难找到的新设计比早期设计还不清楚的硬币。

硬币是青铜制的，长 16 毫米，重 2.53 克。

# 约翰·西卡努斯二世
## （公元前 63 年—公元前 40 年）

**18**

正面：被花圈包围的铭文：**היהד/ים יהוחנ/ן הכהן ה/גדל וחב/ר**（大祭司约翰和永远的犹太人）。

反向：两个羊角，角之间有石榴。

硬币是铜制的，长 14.5 毫米，重 1.85 克。

**18A**

与 18 号硬币相同，但有不同的风格和字体：**הכהן/הגדל ו/חבר ה/ידי יהו/חנן**。

硬币是铜制的，长 14.5 毫米，重 1.93 克。

**19**

正面：被花圈包围的铭文：**הודים יהוחנ/ן הכהן הגד/ל וחברהי/**，在铭文上面是希腊字母 A。

反面：与 18 号硬币一样是两个羊角。

硬币是铜制的，长 14 毫米，重 2.01 克。

**20**

正面：被花圈包围的铭文：**הי/הדים יהוחנן/הכהן הגד/להחבר**。

反面：与 18 号硬币一样是两个羊角；在下面，有文字：⊠（AΠ）。

硬币是铜制的，长 14 毫米，重 1.82 克。

**20A**

正面：被花圈包围的铭文：**היה/דים יהוחנן/הכהן ה/גדל החב/ר**。

反向：与 18 号硬币一样是两只羊角，但有不同的文字：⌂（AΠ?）。

硬币是铜制的，长 14 毫米，重 1.99 克。稀有。

**21**

正面：棕榈枝，两侧是铭文：ה/כהן הגדל /וחבר הי/הדים יהוחנן。

反向：百合花。

硬币是铜制的，长 10 毫米，重 0.92 克。收藏于耶路撒冷的 E. Grosswirth，稀有。

**21A**

正面：与 21 号硬币一样。

反面：百合花；希腊字母：Λ（A?）。

硬币是铜制的，长 10.5 毫米，重 0.87 克。收藏于耶路撒冷的 Yoav Sasson，非常稀有。

**22**

正面：被花圈包围的铭文：חב/היהו יהו/חנן הכה/ן הגדל ר/אש。

反面：与 18 号硬币一样有两只羊角。

硬币是铜制的，长 14 毫米，重 2.29 克。

**23**

正面：被花圈包围的铭文：הח/בר הי/די יה/וחנן הכ/הן הגדל/ראש。

反向：与 18 号硬币一样是有两只羊角；在 r 下面，是小写字母 A。

硬币是铜制的，长 14 毫米，重 2.14 克。收藏于特拉维夫的 Y. Willinger，非常稀有。

**24**

正面：棕榈枝，两侧是铭文：[יהוחנן הכ/]הן הגד[לר]אש החב[ר/ה] יהדים（大祭司约翰，犹太人的头像）。

反面：百合花。

硬币是铜制的，长 13 毫米，重 1.06 克。收藏于耶路撒冷的 Rockefeller 博物馆，极其稀有。

**25**

正面：两只羊角，角平行且有装饰线。周围刻有铭文：יהוח[נ]ן הכהן הדל ר[א]ש החבר היהודים。

反面：头盔朝右。

硬币是铜制的，长 17 毫米，重 3.71 克。收藏于伦敦的大英博物馆，非常稀有。

**26**

正面：被花圈包围的铭文：**יהוח/נן הכהן/הגדל ח/...**。

反面：与 18 号硬币一样有两只羊角。

这种类型的大多数标本具有"块状"字样（根据 A. Kindler 的分类），铭文有可能是不完整的或者原始就是如此。

硬币是铜制的，长 14 毫米，重 2.22 克。

**27**

正面：被花圈包围的铭文：**יהוח/נן הכהן/הגדגל/וגל**。

反面：与 18 号硬币一样有两只羊角。

这种类型的特征在于字体的方形形状以及字母 **ה** 的不寻常形式，其在此处显示为 **Ǝ**。在这种类型的硬币上的铭文同样是不完整的，并且充满了错误。

硬币是铜制的，长 15 毫米，重 2.73 克。

# 约翰·阿里斯托布鲁斯二世
## （公元前 67 年—公元前 64 年）

**28**

正面：被花圈包围的铭文：**ד/ים יהוד/ה כהן גד/ול וחבר ה/יהו**（犹大的大祭司和永远的犹太人）。

反面：两只羊角，角之间有石榴。

硬币是铜制的，长 14.5 毫米，重 2.27 克，稀有。

除一种（29 号硬币）外，所有犹大·阿里斯托布鲁斯的硬币都有相同的字体风格。在大多数硬币中，名称 **יהודה** 在第一行中不会完整出现。

**29**

正面：被花圈包围的铭文：‏ה/יהד יהו/דה הכה/ןהגדל ו/חבר‎。

反向：与 28 号硬币一样有两只羊角。

这枚硬币现在首次发布，目前是独一无二的。它的字体类似于西卡努斯二世的硬币（22 号、23 号硬币）。

硬币是铜制的，长 14 毫米，重 1.91 克。收藏于特拉维夫卡德曼钱币博物馆，极其稀有。

# 玛他提亚 · 安提柯
## （公元前 40 年—公元前 37 年）

**30**

正面：两只羊角；刻有铭文 ‏ג[ה כהן]מתתיה[ה]יהודים[ה]דול] וחבר‎（大祭司玛他提亚和犹太人）。

反面：花环；周围刻有铭文 BACIΛEΩC ANTIΓONOY。这种类型有很多种。

硬币是铜制的，长 23 毫米，重 15.73 克。

**31**

正面：一只羊角；刻有铭文 ‏מתתיה הכה]ן הגדול]‎（大祭司玛他提亚）。

反面：被花圈包围的铭文 BACIΛE/ANTIΓO。

这种类型的硬币有很多种，此外有时会在反面有 3 行或者 4 行铭文。

硬币是铜制的，长 18 毫米，重 7.14 克。现收藏于耶路撒冷的 Hechal Shelomo 博物馆。

**32**

正面：一只羊角；周围有铭文的痕迹：‏מתתיה‎。

反面：被花圈包围的铭文：[B]ACIΛ/AN...

目前尚不清楚这枚硬币是否代表一种新的面额，因为它的重量大约是这类硬币的一半（31 号硬币），可能完全是偶然的。

硬币是铜制的，长 13 毫米，重 3.31 克。收藏于特拉维夫的 Y. Willinger，仅此一枚。

**33**

正面：被花圈包围的铭文：**תתמ/הי**(!)。

反面：两只羊角，角之间有大麦穗。

这种类型硬币的特点是铭文是反刻的，其中字母朝右而不是朝左。

硬币是铜制的，长 13 毫米，重 1.75 克。

**34**

正面：被花圈包围的铭文：**מתתי/ההכה**[ן]。

反面：两只羊角，角之间有石榴。

刻有正常的铭文（从右到左），是典型硬币，角之间有石榴。

硬币是铜制的，长 13 毫米，重 1.81 克。收藏于特拉维夫的 Y. Willinger，非常稀有。

**35**

正面：被花圈包围的铭文：**מתת/יה**。

反面：与 34 号硬币一样是两只羊角。

硬币是铜制的，长 13 毫米，重 1.32 克。收藏于耶路撒冷的 Yoav Sasson，非常稀有。

**36**

正面：有个七分枝烛台；周围刻有铭文：**ΒΑΣΙΛΕΩΣ ΑΝΤΙΓΟ[ΝΟΥ]**。

反面：表格。能够在表周围看到希伯来语铭文的痕迹 – **מתתיה הכהן** – 。

硬币是铜制的，长 15 毫米，重 1.35 克。收藏于耶路撒冷的 Flagellation 博物馆，非常稀有。

**36A**

正面：与 36 号硬币一样。在烛台周围，有许多铭文的痕迹：BA ... AN ...；在表周围，有铭文的痕迹 **...כהן...**（大祭司）。

硬币是铜制的，长 15 毫米，重 1. 35 克，非常稀有。

# 希律王朝

## 大希律王
### （公元前 40 年—公元前 4 年）

**37**

正面：三角桌上带有碗形器皿；空白处刻有文字和日期：ＬΓ♇（第 3 年）；周围刻有铭文：ΗΡΩΔΟΥ ΒΑΣΙΛΕΩΣ。

反面：疑似香炉；两边是棕榈枝。

硬币是铜制的，长 29 毫米，重 6. 73 克。

**37A**

与 37 号硬币一样，除了日期次序颠倒：ΓＬ。

硬币是铜制的，长 23 毫米，重 5. 21 克。收藏于耶路撒冷的 Flagellation 博物馆，极其稀有。

**38**

正面：头盔；空白处刻有文字和日期：ＬΓ♇（第 3 年）；周围刻有铭文：ΗΡΩΔΟΥ ΒΑΣΙΛΕΩΣ。

反面：盾牌，边缘有装饰物。

硬币是铜制的，长 19 毫米，重 5. 40 克。收藏于耶路撒冷的以色列银行，稀有。

**39**

有翼手杖；空白处刻有文字和日期：ＬΓ♇（第 3 年）；周围刻有铭文：ΗΡΩΔΟΥ ΒΑΣΙΛΕΩΣ。

反面：石榴与枝干。

硬币是铜制的，长 17 毫米，重 2.78 克。收藏于特拉维夫的 Y. Willinger，稀有。

**40**

正面：Aphlaston；空白处刻有文字和日期：ΛΓ Ϙ（第 3 年）；周围刻有铭文：ΗΡΩΔΟΥ ΒΑΣΙΛΕΩΣ。

反面：棕榈树枝干；在两边有神秘的物体。

硬币是铜制的，长 15 毫米，重 2.37 克。收藏于耶路撒冷的 Flagellation 博物馆，非常稀有。

**41**

正面：王冠下方打开，包围着十字架；周围刻有铭文：ΗΡΩΔΟΥ ΒΑCΙΛΕΩC。

反面：三脚桌；在两边有棕榈枝。

硬币是铜制的，长 18 毫米，重 2.23 克。

**41A**

与 41 号硬币相同，但在十字架周围有封闭的王冠。

硬币是铜制的，长 18.5 毫米，重 3.27 克。收藏于耶路撒冷的 E. Grosswirth。

**42**

正面：被封闭的王冠包围的十字架；周围刻有铭文：ΗΡΩΔΟΥ ΒΑCΙΛΕ[ΩC]。

反面：三角桌。

硬币是铜制的，长 14.5 毫米，重 1.21 克。

**43**

正面：四周刻有铭文：ΗΡΩΔΟΥ ΒΑCΙΛ[ΕΩC]。

反面：三脚桌。

硬币是铜制的，长 14 毫米，重 1.36 克。

**44**

正面：四行铭文：ΒΑCΙ/ΛΕΥC/ΗΡΩΔ/...

反面：三脚架桌。

硬币是铜制的，长 16 毫米，重 2.57 克。收藏于特拉维夫的 Y. Willinger。

**45**

正面：两行铭文：BA/...

反面：小三脚桌。

硬币是铜制的，长 12 毫米，重 0.68 克。收藏于特拉维夫的 Y. Willinger，极其稀有。

**46**

正面：小三脚桌；周围刻有铭文：**[HPWΔOY]BACIΛE[ΩC]**。

反面：两个棕榈树枝交叉。

硬币是铜制的，长 11 毫米，重 0.78 克。收藏于耶路撒冷的 Flagel-lation 博物馆，非常稀有。

**47**

正面：小三脚桌；周围刻有铭文：**HPWΔOY BACIΛEΩC**。

反面：棕榈树枝干。

硬币是铜制的，长 14 毫米，重 0.98 克。收藏于特拉维夫的 Y. Willinger，非常稀有。

**48**

正面：三脚桌。

反面：棕榈枝；在左边有另一个棕榈枝的痕迹，可能来自另一次铸造。

硬币是铜制的，长 13 毫米，重 1.12 克。收藏于特拉维夫的 Y. Willinger，极其稀有。

**49**

正面：铭文：BAC ...

反面：棕榈枝。

硬币是铜制的，长 14 毫米，重 0.55 克。收藏于特拉维夫的

Y. Willinger，极其稀有。

**50**

正面：四行铭文：**BACI/ΛEYC/HPΩΔH/C**。

反面：由花圈包围的锚。

硬币是铜制的，长 13 毫米，重 1.12 克。

**50A**

正面：四行原始风格的铭文：**HPWΔHCBACIΛEYC**。

反面：锚，原始风格（类似于 55 号硬币的锚）。

硬币是铜制的，长 12 毫米，重 0.74 克。收藏于特拉维夫的 Y. Willinger，非常稀有。

**51**

正面：两圈铭文：**BACIΛEΩC HPΩΔOY**。

反面：由 Y 形设计的圆形包围的锚。

硬币是铜制的，长 14 毫米，重 1.15 克。收藏于特拉维夫的 Y. Willinger。

**52**

正面：一个圆中的铭文：**BAC...ΔOY**。

反面：由用垂直线条装饰的圆圈包围的锚。

硬币是铜的，长 13 毫米，重 1.04 克。收藏于特拉维夫的 Y. Willinger，稀有。

**53**

正面：锚；周围刻有铭文：HPW BACI。

反面：两只羊角，角之间有节杖；上面有五颗小球。

硬币是铜制的，长 15 毫米，重 1.4 克。

**53A**

与 53 号硬币一样，但铭文顺序不同：BACI HPW。

硬币是铜制的，长 14 毫米，重 1.29 克。收藏于特拉维夫的 Y. Willinger，稀有。

**53B**

与 53 号硬币一样，但围绕在锚周围的铭文更长：**HPWΔOY BACIΛEWC**。

硬币是铜制的，长 12.5 毫米，重 1.40 克。收藏于特拉维夫的 Y. Willinger，稀有。

**53C**

与 53 号硬币一样，但铭文反方向读：BACI［HPW］。

硬币是铜制的，长 14 毫米，重 1.51 克。收藏于 H. Hirsch，稀有。

**54**

正面：一只羊角；在左面和右面有铭文：**BAC/HPWΔ**。

反面：鹰。

硬币是铜制的，长 12 毫米，重 0.91 克。收藏于特拉维夫的 Y. Willinger，稀有。

**55**

正面：锚周围有铭文：**BACIΛE[ΩC HPWΔOY]**。

反面：带桨的战争帆船。

硬币是铜制的，长 12 毫米，重 1.07 克，稀有。

# 希律·阿基劳斯时期

## （公元前 4 年—公元 6 年）

**56**

正面：带有长柄的锚；周围刻有铭文：HPW。

反面：两只羊角，角之间有小手杖；在右面下方和上方有铭文：**EΘ/N**。

硬币是铜制的，长 15 毫米，重 1.26 克，稀有。

**56A**

与 56 号硬币一样，但铭文从上面开始：**EΘ/N...P...**

硬币是铜制的，长 15 毫米，重 1.08 克。收藏于特拉维夫的 Y. Willinger，仅此一枚。

**57**

正面：带有长柄的锚；周围刻有铭文：HPWOY（！）（在许多情况下会出现完整的铭文：**HPWΔOY**）。

反面：被花圈包围的铭文：**EΘ/AN**（铭文很少完整：**EΘ/ᑫAN/ XOY**）。

硬币是铜制的，长 14 毫米，重 1.35 克。

**58**

正面：帆船的船头朝向右。周围刻有铭文：HPW（有时字母 P 面向错误的方向）。

反面：被花圈包围的铭文：**EΘN**（有时还有倒着的）。

硬币是铜制的，长 15 毫米，重 1.84 克。

**58A**

与 58 号硬币一样，但帆船的船头朝向左。

硬币是铜制的，长 14 毫米，重 2.03 克。收藏于耶路撒冷的 Flagellation 博物馆，极其稀有。

**59**

正面：两只羊角，角平行，朝向左。在空白处有铭文：**HᑫWΔ/HC**。

反面：战争帆船，战斗塔，桨。上面有铭文：**EΘNA/PXH/C**。

硬币是铜制的，长 20 毫米，重 3.02 克。

**59A**

正面：与 59 号硬币一样有两只羊角，但朝向右；空白处有铭文：**HᑫW/Δ/OY**。

反向：与 59 号硬币一样有战争帆船；上面有铭文：**EΘNA/ PXH/C**。

硬币是铜制的，长 20 毫米，重 3.42 克。收藏于耶路撒冷的以色列银行。

**59B**

与 59 号硬币一样，但帆船朝向反方向。

硬币是铜制的，长 19 毫米，重 2.16 克。收藏于耶路撒冷的 Yoav Sasson，稀有。

**60**

正面：两只羊角，角平行，朝向左。空白处刻有铭文：**HPWΔ**。

反面：战争帆船朝向左；上面有铭文：**EΘNA/HP**。

硬币是铜制的，长 15 毫米，重 1.23 克。由特拉维夫的私人收藏。

**60A**

正面：与 60 号硬币一样有两只羊角，但朝向右。空白处有铭文：**HPWΔ**。

反面：与 60 号硬币相同有战争帆船；刻有铭文：**EΘN/ꟼA**。

硬币是铜制的，长 14 毫米，重 1.40 克。

**61**

正面：一串连有枝叶的葡萄；硬币上方刻有铭文：**HPWΔOY**。

反面：头盔；左下面有小手杖；下面刻有铭文：**EΘNAPXOY**。

硬币是铜制的，长 16 毫米，重 1.62 克。

**61A**

正面：与 61 号硬币一样。

反面：与 61 号硬币相似，但在铭文中有错误：**EΘNAXOY**。

硬币是铜制的，长 16mm，重 1.60 克，非常稀有。

**61B**

正面：与 61 号硬币相同，但刻有铭文：**EΘNAPXOY**。

反面：与 61 号硬币相同，但刻有铭文：**HPWΔHΣ(!)**。

硬币是铜制的，长 17 毫米，重 2.73 克。收藏于耶路撒冷的 Yoav Sasson，非常稀有。

**62**

正面：一串连有枝叶的葡萄；硬币上方刻有铭文（粗糙的风格）：HPW ...

反面：头盔；下面有铭文的痕迹。

这枚硬币是粗糙模仿的 61 号硬币。发现所有这种类型的硬币都具有被铸造的十分扁平的特征。这种类型的硬币直径大于通常的硬币，并且硬币的整体风格与通常的完全不同。

硬币是铜制的，长 18 毫米，重 1.41 克。收藏于耶路撒冷的 E. Grosswirth，稀有。

# 希律·安提帕斯时期
## （公元前 4 世纪—公元 39 年）

### 63

正面：芦苇；空白处刻有日期：**LKΔ**（第 24 年）；周围刻有铭文：**HPWΔ/TETPAP**。

反面：被花圈包围的铭文：TIBE / PIAC。

硬币是铜制的，长 21 毫米，重 8.23 克。收藏于耶路撒冷的 Hechal Shelomo 博物馆，稀有。

### 64

正面：芦苇；空白处刻有日期：**LKΔ**（第 24 年）；周围刻有铭文：**HPWΔO/TETP**。

反面：被花圈包围的铭文：TIB / P1A/C。

硬币是铜制的，长 15 毫米，重 2.31 克，稀有。

### 65

正面：芦苇；空白处刻有日期：**LKΔ**（第 24 年）；周围刻有铭文：HPW/ TETP。

反向：被花圈包围的铭文：TI / BE。

硬币是铜制的，长 12 毫米，重 1.21 克。收藏于海法的 L. Better，非常稀有。

### 66

正面：棕榈枝；空白处刻有日期：**LΛA (?)**（第 31 年）；周围刻有

铭文：**HPWΔOY TETPAPXOY**。

背面：被花圈包围的铭文：TIBE / PIAC。

不能完全确定这枚硬币的日期实际上是 **ΛA**（第 31）而不是通常的 **ΛΔ**（34）。然而，这个可能的日期已经给出，尽管在目前独特的样本上，它非常清楚，并且与安提帕斯一世的年表不相同。

硬币是铜制的，长 15.5 毫米，重 3.10 克。收藏于耶路撒冷的 Y. Wirgin，仅此一枚。

**67**

正面：棕榈枝；在空白处刻有日期：**LΛΓ**（第 33 年）；周围刻有铭文：**HPWΔOY TETP[APXOY]**。

反面：被花圈包围的铭文：TIBE / PIAC。

硬币是铜制的，长 23 毫米，重 16 克。现存于耶路撒冷的 Flagellation 博物馆，非常稀有。

**67A**

与 67 号硬币相同，但面额较小。

硬币是铜制的，长 18 毫米，重 6.25 克，稀有。

**68**

正面：棕榈枝；在空白处刻有日期：**LΛΔ**（第 34 年）；周围刻有铭文：**HPWΔOY TETPAPXOY**。

背面：花环包围的铭文：TIBE/PIAC。

硬币是铜制的，长 23.5 毫米，重 15.63 克，稀有。

**69**

正面：棕榈枝；在空白处刻有日期：**LΛΔ**（第 34 年）；周围刻有铭文：**HPWΔOY TETPAPXOY**。

背面：花环包围的铭文：TIBE / PIAC。

硬币是铜制的，长 19 毫米，重 6.60 克，稀有。

**70**

正面：棕榈枝；在空白处刻有日期：**LΛΔ**（第 34 年）；周围刻有铭

文：[HPW]ΔOY...

反面：花环包围的铭文：T/C。

硬币是铜制的，长 12 毫米，重 1.87 克。收藏于伦敦大英博物馆，稀有。

**71**

正面：棕榈枝；在空白处刻有日期：**LΛC**（第 36 年）；周围刻有铭文：**HPWΔOY [TET]PAPXOY**。

反面：花环包围的铭文：TIBE / PIAC。

硬币是铜制的，长 19 毫米，重 7.36 克，非常稀有。

**72**

正面：棕榈枝；在空白处刻有日期：**LΛZ**（第 37 年）；周围刻有铭文：**HPWΔOY TETPAPXOY**。

反面：花环包围的铭文：**TIBE/PIAC**。

硬币是铜制的，长 22.5 毫米，重 14.90 克。收藏于耶路撒冷的 Flagelgellation 博物馆，非常稀有。

**72A**

与 72 号硬币相同，只是面值更小。

硬币是铜制的，长 19 毫米，重 5.78 克，稀有。

**73**

正面：棕榈枝；在空白处刻有日期：**LMΓ**（第 43 年）；周围刻有铭文：**HPΩΔHC TET[PAPXHC]**。

反面：花环包围的铭文：**ΓAIΩ/KAICA/ΓEPM/ NIKΩ**。

硬币是铜制的，长 18.5 毫米，重 6.36 克，非常稀有。

**74**

正面：棕榈树，有两束棕榈果；在空白处刻有日期：**LMΓ**（第 43 年）；周围刻有铭文：**HPΩΔHC TETPAPXHC**。

反面：花环包围的铭文：**ΓAIΩ/KAICA/ΓEPMA/NIKΩ**。

硬币是铜制的，长 23 毫米，重 14.13 克。收藏于耶路撒冷的以色列银行，非常稀有。

**74A**

与 74 号硬币相同，但风格更原始。在正面，铭文是不完整的，棕榈树的枝干要大得多。

硬币是铜制的，长 24 毫米，重 9.82 克。收藏于海法的 L. Better，极其稀有。

**75**

正面：一束棕榈果；在空白处刻有日期：**LMΓ**（第 43 年）；周围刻有铭文：**HPΩΔHC TET...**

反面：花环包围的铭文：**ΓAI/ΩKA/ICA**。

硬币是铜制的，长 15 毫米，重 3.63 克，非常稀有。

# 希律·菲利普二世
## （公元前 4 年—公元 34 年）

**76**

正面：奥古斯都的头像朝向右。空白处刻有日期：**LE**（第 5 年）；周围刻有铭文：**[ΦIΛIΠΠ]OY TETPA[PXOY]**。

反面：带有装饰的异教庙宇的立面；周围刻有铭文：**KAICAP CEB ACT ...**

硬币是铜制的，长 18 毫米，重 3.82 克。公元 1 年在恺撒利亚城铸造，仅此一枚。

**77**

正面：奥古斯都和利维亚的头像朝向右；周围刻有铭文：**ΣEBA...**

反面：异教庙宇的立面；中心刻有日期：**Θ**（第 9 年）；周围刻有铭文：**EΠI ΦIΛIΠΠOY TETPAP...**

硬币是铜制的，长 24 毫米，重 8.26 克。公元 5 年或公元 6 年在恺撒利亚城铸造，极其稀有。

斯派克曼发表了一个类似的硬币，有两个标记（Studii Biblici Franciscani, Liber Annuus, XIII［1962—1963］，302 页，第 8 号）。

**77A**

与 77 号硬币一样，但铸造得更小。

硬币是铜制的，长 19 毫米，重 8.10 克。收藏于耶路撒冷希伯来大学考古学研究所，非常稀有。

**78**

正面：奥古斯都的头像朝向右；周围刻有铭文：**CEBACTΩKAI...**

反面：异教庙宇的立面；中心刻有日期：LIB（第 12 年）；周围刻有铭文：**[ΦIΛIΠΠΟΥ] TETPAPXOY**。

硬币是铜制的，长 21 毫米，重 8.90 克。公元 8 年或公元 9 年在恺撒利亚城铸造，收藏于 U. Menis, Ma'agan，稀有。

（英国伦敦大英博物馆的类似硬币仅重 4.62 克，直径 16 毫米。）

**78A**

与 78 号硬币一样，但日期和铭文是倒着的。

硬币是铜制的，长 22 毫米，重 9.61 克。收藏于伦敦大英博物馆，仅此一枚。

**79**

正面：奥古斯都的头像朝向右；周围刻有铭文：**KAICAP**。

反面：异教庙宇的立面；中心刻有日期：LIS（第 16 年）；周围刻有铭文：**ΦIΛIΠΠΟΥ TETPAPXOY**。

硬币是铜制的，长 18 毫米，重 6.42 克。公元 12 年或公元 13 年在恺撒利亚城铸造，稀有。

**80**

正面：Tiberius 的头像朝向右；周围刻有铭文：**...EPIO...**

反面：异教庙宇的立面；中心刻有日期：**LIΘ**（第 19 年）；周围刻有铭文：**ΦIΛIΠΠΟΥ TETPAPXOY**。

硬币是铜制的，长 19 毫米，5.48 克。公元 15 年或公元 16 年在恺撒利亚城铸造。现存于耶路撒冷的 Flagellation 博物馆，稀有。

**80A**

与 80 号硬币相同，但在正面有标记。

这枚硬币包括在这里，因为菲利普的硬币上的标记是这一年中铸造的典型。

硬币是铜制的，长 19 毫米，重 4.87 克，稀有。

**81**

正面：提比略的头像朝向右；周围刻有铭文 ...API...

反面：异教庙宇的立面；中心刻有日期：LΛ（第 30 年）；周围刻有铭文：...ΠΠΟΥ ΤΕΤΡΑΡΧΟΥ。

硬币是铜制的，长 16 毫米，重 3.80 克。公元 26 年或公元 27 年在恺撒利亚城铸造，非常稀有。

**81A**

正面：提比略的头像朝向右；在右下面有月桂树枝；周围刻有铭文：TIBEPIOC CEBACTOC KAICAP。

反面：异教庙宇的立面；中心刻有日期：LΛ（第 30 年）；周围刻有铭文：ΕΠΙ ΦΙΛΙΠΠΟΥ ΤΕΤΡΑΡΧΟΥ。

硬币是铜制的，长 19 毫米，重 6.50 克。公元 26 年或公元 27 年在恺撒利亚城铸造。收藏于耶路撒冷以色列银行，非常稀有。

**82**

正面：提比略的头像朝向右；周围刻有铭文：...ΣΤ。

反面：异教庙宇的立面；中心刻有日期：LΛΓ（第 33 年）；周围刻有铭文：ΦΙΛΙΠΠ[ΟΥ ΤΕΤΡΑΡ]ΧΟΥ。

硬币是铜制的，长 18 毫米，重 6.85 克。公元 29 年或公元 30 年在恺撒利亚城铸造，非常稀有。

**83**

正面：提比略的头像朝向右；周围刻有铭文：TIBEPIOC CEBAC-TOC KAICAP；在右下面有月桂树枝。

反面：异教庙宇的立面；中心刻有日期：L∧∆（第 34 年）；周围刻有铭文：ΕΠΙ ΦΙ[ΛΙΠΠΟΥ ΤΕ]ΤΡΑΡΧΟΥ ΚΤΙC。

硬币是铜制的，长 19 毫米，重 5.16 克。公元 30 年或公元 31 年在恺撒利亚城铸造。收藏于伦敦大英博物馆，极其稀有。

**84**

正面：提比略的头像朝向右；周围刻有铭文：TIBEPIOC CEBA[CT] OC KAICAP。

反面：异教庙宇的立面；中心刻有日期：L∧Z（第 37 年）；周围刻有铭文：[ΦΙΛΙΠ]ΠΟΥ ΤΕΤΡΑΡΧΟΥ。

硬币是铜制的，长 17 毫米，重 7.22 克。公元 33 年或公元 34 年在恺撒利亚城铸造，非常稀有。

# 阿格里帕一世
## （公元 37 年—公元 44 年）

**85**

正面：阿格里帕一世头像朝向右；周围刻有铭文：[BA]CIΛΕVC ΑΓΡΙΠΠΑ。

反面：阿格里帕二世是阿格里帕一世的儿子，在骑马，头朝向右；周围刻有铭文：[ΑΓΡ]ΙΠΠΑ ΥΙΟΥ BACIΛ[ΕΩC]；下面刻有日期：LB（第 2 年）。

硬币是铜制的，长 20 毫米，重 7.10 克。公元 38 年或公元 39 年铸造。收藏于格拉斯哥的 Hunterian 博物馆，非常稀有。

**86**

正面：盖尤斯·卡利古拉的头像朝向右；周围刻有铭文：[ΓΑΙΩΚΑΙΣΑΡΙ] ΣΕΒΑ...。

反面：疑似阿格里帕站在战车里朝向右。上面刻有铭文：ΒΑΣΙ[ΛΕΩΣ]/ΑΓΡΙΠΠΑ；下面刻有日期：LE（第 5 年）。

硬币是铜制的，长 25 毫米，重 11.75 克。公元 41 年或公元 42 年铸造，非常稀有。

**87**

正面：克劳狄斯的头像朝向右；周围刻有铭文：...ΣΑΡΙΣΕΒΑΣΤ...

反面：疑似阿格里帕站在战车里朝向右。上面刻有铭文：ΒΑΣΙΛΕΩΣ/ΑΓΡΙΠΠΑ；下面刻有日期：LS（第 6 年）。

硬币是铜制的，长 23.5 毫米，重 9.40 克。公元 42 年或公元 43 年铸造，非常稀有。

**88**

正面：树冠；周围刻有铭文：ΒΑCIΛΕWC ΑΓΡΙΠΠΑ。

反面：从两片叶子之间长出三束大麦穗；空白处刻有日期：LS（第 6 年）。

硬币是铜制的，长 18 毫米，重 2.78 克。公元 42 年或公元 43 年铸造。

**88A**

与 88 号硬币一样。但铸造时的错误使正面的设计出现在了两面上，有一面是铸错了。阿格里帕时期许多这种类型的硬币出现铸造错误。

硬币是铜制的，长 17 毫米，重 2.67 克。

**88B**

与 88 号硬币相同，但由于铸造时的错误，两面都有正反的设计。在这个标本中两面都是反面的设计更加清楚。

硬币是铜制的，长 16 毫米，重 1.79 克，稀有。

**89**

正面：克劳狄斯的头像朝向右；周围刻有铭文：ΤΙΒΕΡΙ[ΟCΚΑICAP] CΕΒΑCΤΟC ΓΕΡΜ；在右下面，有标记朝向左（这种类型的许多硬币都有标记）。

反面：寺庙的立面；朝左和朝右的两个人物（可能是女性）手里拿着圆形物体（疑似花圈）；上面手指朝向左。在中心，躯干（女性）

朝向右，持有圆柱状物体；在墙中心刻有日期：LZ（第 7 年）；周围刻有铭文：ΑΓΡΙΠΠΑC[ΦΙΛΟΚΑΙCΑΡ ΒΑCΙΛΕΥC]ΜΕΓΑC。

硬币是铜制的，长 25 毫米，重 16.49 克。公元 43 年或公元 44 年铸造。收藏于在耶路撒冷希伯来大学考古研究所，稀有。

**89A**

正面：克劳狄斯的头像朝向右；没有标志；周围刻有铭文：ΤΙΒΕΡΙΟC[ΚΑΙCΑΡ] CΕΒΑCΤΟC...

反面：与 89 号硬币相同，但采用双层设计；周围刻有铭文：ΑΓΡΙΠΠΑC ΦΙΛΟΚΑΙCΑΡ ΒΑCΙΛ[ΕΥC ΜΕΓΑC]。

硬币是铜制的，长 27 毫米，重 17.15 克。收藏于耶路撒冷以色列银行，非常稀有。

**90**

正面：阿格里帕一世头像朝向右。周围刻有铭文：[ΒΑCΙΛΕΥC ΜΕΓΑ]C ΑΓΡΙΠΠΑC ΦΙΛ[ΟΚΑΙCΑΡ]。

反面：Tyche（命运女神）背朝右边，头朝向左，手放在方向舵上并握住棕榈枝。空白处刻有日期：LZ（第 7 年）；周围刻有铭文：ΚΑΙCΑ[ΡΙΑΗ ΠΡΟC ΤΩ CΕΒΑCΤΩ ΛΙ]ΜΕΝΙ（这种类型的许多硬币都有标记）。

硬币是铜制的，长 20 毫米，重 8.19 克。公元 43 年或公元 44 年在恺撒利亚铸造。收藏于特拉维夫 Kadman Numismatic 博物馆，非常稀有。

**91**

正面：克劳狄斯的头像朝向右。周围刻有铭文：**ΤΙΒΕΡΙΟC [ΑΓΡΙΠΠΑC] ΦΙΛΟ ΒΑCΙΛΕΥC ΜΕΓ[ΑC]**；右下方有标记。

反面：与 89 号硬币相同的寺庙；墙上刻有日期：LH（第 8 年）；周围刻有铭文：**[ΑΓΡΙΠΠΑC] ΦΙΛΟ ΒΑCΙΛΕΥC ΜΕΓ[ΑC]**。

硬币是铜制的，长 26 毫米，重 14.60 克。公元 44 年铸造。收藏于耶路撒冷 Flagellation 博物馆，非常稀有。

**92**

正面：阿格里帕一世头像朝向右。周围刻有铭文：**ΒΑCΙΛΕΥC ΜΕΓ**

ΑΓΡΙ[ΠΠΑС ΦΙΛΟΚΑΙСΑΡ]。

反面：Tyche（命运女神）背朝右边，头朝向左。手放在方向舵上并握住棕榈枝。空白处刻有日期：LH（第 8 年）；周围刻有铭文：ΕΠΙ/ΒΑСΙΛΕ/ΑΓΡΙΠΠ/ΠΡΟС ΤΩСΕΒΑСΤΩ ΛΙ。

硬币是铜制的，长 21 毫米，重 7.84 克。公元 44 年在恺撒利亚城铸造，非常稀有。

**93**

正面：阿格里帕一世面向左，站在小祭坛上，两个戴着花环的女人站在他的两边。周围刻有铭文：[ΒΑС ΑΓΡΙΠΠΑС ΦΙΛΟΚΑΙ]СΑΡ。

反面：双手互相握紧；周围刻有铭文形成两个圆：[ΦΙΛ]ΙΑ ΒΑС (ΙΛΕΩС) ΑΓ[ΡΙ]ΠΑ(ΠΡΟС ΤΗΝ СΥΓ)ΚΛΗΤΟΝ[ΚΑ ΤΟΝΔ]ΗΜ (ΟΥ Ρ)ΩΜΑΙΩ(Ν)。

这个版本是不确定的，是巴黎国家图书馆中硬币的解读之一，是三个现存标本中保存最完好的。

硬币是铜制的，长 25 毫米，重 14.83 克。收藏于耶路撒冷 Flagellation 博物馆，极其稀有。

**93A**

对 93 号硬币的解读，来自巴黎国家图书馆的标本。这种解读被广泛接受（马登，犹太货币，伦敦，1881 年，第 137 页）。

**93B**

对 93 号硬币的解读，来自巴黎国家图书馆的标本，但这是一种不同的解读。

# 阿格里帕二世
## （公元 56 年—公元 95 年）

以下硬币的日期都是开始于公元 56 年。

**94**

正面：年轻的阿格里帕二世的头像朝向左。周围刻有铭文：
[ΒΑΣΙΛΕΩΣ Α]ΓΡΙΠΠΑ ΑΓ…

反面：两只羊角，交叉。周围刻有铭文：[ΒΑΣ ΑΓΡΙΠΠΑ] ΦΙΛΟ
[ΚΑΙCΑΡ]。

硬币是铜制的，长15毫米，重2.38克，极其稀有。

**95**

正面：尼禄头像朝向右（有时在右面会有小星星）。周围刻有铭文：ΝΕΡΩΝ [ΚΑΙCΑΡ] ΣΕΒΑΣΤΟΥ。

反面：有五行铭文被圆圈和花环包围，ΕΠΙ/ΒΑCΙΛΕ/ΑΓΡΙΠΠ/ΝΕΡΩ/ΝΙΕ。

硬币是铜制的，长25毫米，重11.98克。公元61年在恺撒利亚城
铸造，稀有。

**96**

正面：尼禄头像朝向右，在右面会有小星星。周围刻有铭文：
ΝΕΡΩΝ ΚΑΙΣΑΡ ΣΕΒΑΣΤ。

反面：有五行铭文被圆圈和花环包围：ΕΠΙ/ΒΑCΙΛΕ/ΑΓΡΙΠΠ/
ΝΕΡΩ/ΝΙΕ。

硬币是铜制的，长18毫米，重7.03克。公元61年在恺撒利亚城
铸造。

**97**

正面：尼禄头像朝向右。周围刻有铭文：ΝΕΡΩΝ ΚΑΙ…ΕΒΑΣΤΟΣ。

反面：有五行铭文被圆圈和花环包围：ΕΠΙ/ΒΑCΙΛΕ/ΑΓΡΙΠΠ/
ΝΕΡΩ/ΝΙΕ。

硬币是铜制的，长14毫米，重3.70克。公元61年在恺撒利亚城
铸造。

**98**

正面：阿格里帕二世的头像朝向左；周围刻有铭文：[ΒΑΣΙΛΕΩΣ]

ΑΓΡΙΠΠΟΥ。

　　反面：锚；在空白处刻有日期 LI（第10年）。

　　硬币是铜制的，长17毫米，重5.37克。公元66年铸造，非常稀有。

**99**

　　正面：Tyche（命运女神）头像朝向右边。周围刻有铭文：ΝΕΡΩΙΑΔ ΚΑΙCΑΡΙ ΑΓΡΙΠΠΑ。

　　反面：两只羊角交叉，在角之间有带翼的手杖。周围刻有铭文和两个日期：BAG ΒΑCΑΓΡ ΕΤΟΥC ΑΙ ΤΟΥ ΚΑΙ ⌇。

　　硬币是铜制的，长16毫米，重3.22克。公元67年在恺撒利亚城铸造，极其稀有。

**100**

　　正面：手拿着大麦的穗和不明水果。周围刻有铭文：ΒΑCΙΛΕΩC ΜΑΡΚΟΥΑΓΡΙΠΠΟΥ。

　　反面：在中心刻有代表日期的标志：K 和 ⌇（第6年）的结合 ⋈。周围刻有被圆包围的铭文 ΕΤΟΥC ΑΙ ΤΟΥ。

　　硬币是铜制的，长13毫米，重2.61克。公元67年铸造。收藏于巴黎国家图书馆，非常稀有。

**101**

　　正面：维斯帕先的头像朝右。周围刻有铭文：ΑVΤΟΚΡΑ ΟVΕCΠΑCΙ ΚΑΙCΑΡΙ CΒΑCΤΩ(!)。

　　反面：命运女神站在台上朝向左。左手持羊角，右手持玉米穗；在空白处刻有日期和铭文ΕΤΔΙ ΒΑ ΑΓΡΙ ΠΠΑ（14年）。

　　硬币是铜制的，长29毫米，重15.45克。公元70年在恺撒利亚城铸造，稀有。

**102**

　　正面：Vespasian 的头像朝右。周围刻有铭文：ΑVΤΟΚΡΑ ΟVΕCΠΑCΙ ΚΑΙCΑΡΙ CΕΒΑCΤΩ。

反面：命运女神站在台上朝向左，左手持羊角，右手持玉米穗；在空白处刻有日期和铭文：ETEI BA **ETEI BA AΓPI ΠΠ[A]**（第 15 年）。

硬币是铜制的，长 28 毫米，重 10.07 克（这枚硬币是穿孔的）。公元 71 年在恺撒利亚城铸造，稀有。

**103**

与 102 号硬币一样，但在正面有不同的铭文：**ETOY EIBA AΓPI ΠΠ[A]**。

硬币是铜制的，长 28 毫米，重 15.48 克。公元 71 年在恺撒利亚城铸造，稀有。

**104**

正面：维斯帕先的头像朝右。周围刻有铭文：**AVTOKPA OYECΠA KAICAPI CEBACTW**。

反面：命运女神站在台上朝向左，左手持羊角，右手持玉米穗。在空白处刻有日期和铭文：**ETOY HIBA AΓPI ΠΠA**（第 18 年）。

硬币是铜制的，长 24 毫米，重 11.43 克。公元 71 年在恺撒利亚城铸造。收藏于耶路撒冷 E. Grosswirth，稀有。

**105**

正面：维斯帕先的头像朝右。周围刻有铭文：**A[YTOKPA OYECΠ ACI]KAICAPI CEBAC[TΩ]**。

反面：命运女神站在台上朝向左，左手持羊角，右手持玉米穗。在空白处刻有日期和铭文：ETOY KSBA **ETOY KSBA AΓPI ΠΠA**（第 26 年）。

硬币是铜制的，长 30 毫米，重 15.71 克。公元 82 年在恺撒利亚城铸造，稀有。

**105A**

正面：维斯帕先的头像朝右。周围刻有铭文：**AVTOK OVEC... KAI CEBACTW**。

反面：与 105 号硬币相同，但风格完全不同，命运女神小得多。

硬币是铜制的，长 30 毫米，重 15.32 克。公元 82 年铸造，非常稀有。

**106**

正面：维斯帕先的头像朝右。周围刻有铭文：**AVTOKPA OVECΠACI KAICAPI CEBACTW**。

反面：命运女神站在台上朝向左，左手持羊角，右手持玉米穗。在空白处刻有日期和铭文：**[E]TOY　KZBA [A]ΓPI　ΠΠA**（第 27 年）。

硬币是铜制的，长 28 毫米，重 19.18 克。公元 83 年在恺撒利亚城铸造，稀有。

**107**

正面：维斯帕先的头像朝右。周围刻有铭文：**AVTOKPA VECΠACI KAICAP CEBATΩ(!)**。

反面：命运女神站在台上朝向左，左手持羊角，右手持玉米穗。在空白处刻有日期和铭文：**[E]TOY　KΘBA AΓPI ΠΠA**（第 29 年）。

硬币是铜制的，长 26 毫米，重 14.4 克（直径和重量取自赖芬贝格中的类似硬币，因为硬币的细节复制于它）。公元 83 年在 Paneas 铸造（Re Glending & Co. Sale Catalogue 6，1964，No. 220）。

**108**

正面：维斯帕先的头像朝右。周围刻有铭文：**AVTOKPA[OVECΠ ACI]KAICAPI CEBACTΩ**。

反面：命运女神站在台上朝向左，左手持羊角，右手放在祭坛上休息。周围刻有铭文：**...AΓPIΠΠA ET...**

硬币是铜制的，长 30 毫米，重 19.52 克。在我所知的所有这三种类型的样本中，日期是无法解密的。收藏于耶路撒冷罗马教皇圣经研究所，非常稀有。

**109**

正面：提图斯的头像朝右。周围刻有铭文：**AVT...KA[ICAPI CEB ACT]...**

反面：命运女神站在台上朝向左，左手持羊角，右手持玉米穗。在空白处刻有日期和铭文：LIΔ BACIΛ AΓPI ΠOY（第14年）。

硬币是铜制的，长26毫米，重7.01克。公元70年在恺撒利亚城铸造，非常稀有。

**110**

正面：提图斯的头像朝右。周围刻有铭文：AVTOKP TITOC KAICAP CEB。

反面：Nike（胜利女神）朝向右，右手拿着花圈，左手拿着棕榈树枝。在空白处刻有日期和铭文：LIΔ BACIΛ AΓP IΠOY（第14年）。

硬币是铜制的，长26毫米，重14.27克。公元70年在恺撒利亚城铸造，非常稀有。

**111**

正面：提图斯的头像朝右。周围刻有铭文：AVTOKP TITO K...

反面：Nike（胜利女神）与110号硬币相同；在空白处刻有日期和铭文 ET HIBA AΓPI ΠΠA（第18年）。

硬币是铜制的，长24毫米，重13.58克。公元73年或公元74年在Paneas铸造。收藏于伦敦大英博物馆，非常稀有。

**112**

正面：提图斯的头像朝右。周围刻有铭文：AYTOKPA TITOC...

反面：命运女神站在台上朝向左，左手持羊角，右手持玉米穗。在空白处刻有日期和铭文：ETOY IΘBA AΓPI ΠΠO[Y]（第19年）。

硬币是铜制的，长27毫米，重13.02克。公元75年在Paneas铸造，非常稀有。

**113（无照片）**

正面：提图斯的头像朝右。周围刻有铭文：AYTOKP TITOC KAICAP CEBAC。

反面：Nike（胜利女神）与110号硬币相同；在空白处刻有日期和铭文 ETOY KBA AΓPI Π（第20年）。

公元76年在恺撒利亚城铸造。

无法获得该硬币的细节或照片。马登在《犹太货币》一书第15页声明至少有两个带有此日期的硬币，其中一个收藏于Reichardt。虽然我没有看到真正的硬币甚至是复制品，但我把它列在这里，因为带有这个日期的硬币的存在是一个合理的假设。

**114**

正面：提图斯的头像朝右。周围刻有铭文：**AVTOKPTITO...**

反面：Nike（胜利女神）与110号硬币相同；在空白处刻有日期和铭文 **ETOY　KABA AΓPI　[ΠΠA]**（第21年）。

硬币是铜制的，长23毫米，重12.31克。公元77年在恺撒利亚城铸造。收藏于耶路撒冷希伯来大学考古学研究所，非常稀有。

**115**

正面：提图斯的头像朝右。周围刻有铭文：**AVTOKP TIT...KAI CAP CEBACTOC**。

反面：Nike（胜利女神）与110号硬币相同；在空白处刻有日期和铭文 **ETO　KSBA AΓPI　ΠΠA**（第26年）。

硬币是铜制的，长26毫米，重13.15克。公元82年在恺撒利亚城铸造，稀有。

**116**

正面：提图斯的头像朝右。周围刻有铭文：**AVT...APCEBACTW**。

反面：幸运女神站在台上朝向左；在空白处刻有日期和铭文 **ETO KSBA[A]ΓPIΠ ΠA**（第26年）。

硬币是铜制的，长31毫米，重16.29克。公元82年在恺撒利亚城铸造，非常稀有。

**117**

正面：提图斯的头像朝右。周围刻有铭文：**AVTOKP TITO K...**

反面：Nike（胜利女神）与110号硬币相同；在空白处刻有日期和铭文 **ETKΘBA[AΓP] IΠΠ[A]**（第29年）。

硬币是铜制的，长25毫米，重12.50克。公元85年在恺撒利亚城铸造，非常稀有。

**118**

正面：提图斯的头像朝右。周围刻有铭文：**...AVT...CTOC**。

反面：带桨的战争帆船；上方刻有铭文 **BAA/ΓPIΠΠA**。

硬币是铜制的，长19毫米，重7.71克。收藏于特拉维夫卡德曼钱币博物馆，极其稀有。

**119**

正面：提图斯和图密善的头像彼此面对面（左面是提图斯，右面是图密善）。周围刻有铭文：**AVTOKP KAICAP TITOC K ΔWMETIANOC**。

反面：Pan 站在左边，肩膀上有皇冠，树在右边。周围刻有铭文：**BACIΛEWC AΓPIΠΠAC**。

硬币是铜制的，长30毫米，重14.60克。收藏于耶路撒冷以色列银行，仅此一枚。

**120**

正面：图密善的头像朝右。周围刻有铭文：**ΔOMITIA KAICAP**。

反面：Nike（胜利女神）朝向左边，右膝倚在盾牌上写字；在空白处刻有日期和铭文**LIΔ BACI AΓ　PIΠO**（第14年）。

硬币是铜制的，长23毫米，重8.12克。公元70年在恺撒利亚城铸造。收藏于柏林博物馆，稀有。

**120A**

与120号硬币一样，但在正面的铭文中有错误：**ΔOVMITI...**；硬币铸造得更小。

硬币是铜制的，长17毫米，重5.96克。公元70年在恺撒利亚城铸造。收藏于耶路撒冷的 Zuzovsky，稀有。

**121（无照片）**

正面：图密善的头像朝右。周围刻有铭文：**ΔOMITIANOC KAICA**。

反面：Nike（胜利女神）朝向右边。脚踏着头盔，右膝倚在盾牌上写字；周围刻有日期和铭文 **ET IE BA AΓPIΠΠ**（第 15 年）。

硬币是铜制的，长 18 毫米，重 6.08 克。公元 71 年在恺撒利亚城铸造。由耶路撒冷的私人收藏，稀有。

**122**

正面：图密善的头像朝右。周围刻有铭文：**ΔOMITIANOC...**

反面：与 121 号硬币相同；周围刻有日期和铭文：**ETOYHI BA AΓPIΠΠA**（第 18 年）。

硬币是铜制的，长 19.5 毫米，重 5.22 克。公元 74 年在恺撒利亚城铸造。

**123**

正面：图密善的头像朝右。周围刻有铭文：**ΔOMITIAN...AP**。

反面：与 121 号硬币相同；周围刻有日期和铭文 **ETOYIΘ BA AΓPIΠ[ΠA] (year 19)**（第 19 年）。

硬币是铜制的，长 19 毫米，重 5.66 克。公元 75 年在恺撒利亚城铸造。

**124**

正面：图密善的头像朝右。周围刻有铭文：**[ΔOMITIANOC K] AICAP**。

反面：带桨的战争帆船；上方刻有三行日期和铭文 **ETO/IΘBAA/ΓPIΠΠ**（第 19 年）。

硬币是铜制的，长 14.5 毫米，重 2.76 克。公元 75 年在恺撒利亚城铸造，稀有。

**125**

正面：图密善的头像朝右。周围刻有铭文：**ΔOMET KAICA ΓEPMANI**。

反面：Nike（胜利女神）朝向右，右手拿着花圈，左手拿着棕榈树枝。在空白处刻有日期和铭文：**[ETO] IΘBAC [AΓPI] ΠΠA**（第 19 年）。

硬币是铜制的，长 23 毫米，重 9.95 克。公元 75 年在恺撒利亚城铸造，非常稀有。

**126**

正面：图密善的头像朝右。周围刻有铭文：...ET... ΓEPMANI。

反面：与 125 号硬币相同。在空白处刻有日期和铭文：[E]TO KΔBA [AΓ]PI ΠΠA（第 21 年）。

硬币是铜制的，长 20.5 毫米，重 9.78 克。公元 77 年在恺撒利亚城铸造，非常稀有。

**127**

正面：图密善的头像朝右。周围刻有铭文：ΔOMETI KAICAP ΓEPM。

反面：与 125 号硬币相同。在空白处刻有日期和铭文：ETOKΔBA AΓPI ΠΠA（第 24 年）。

硬币是铜制的，长 23 毫米，重 9.85 克。公元 80 年在恺撒利亚城铸造，稀有。

**128**

正面：图密善的头像朝右。周围刻有铭文：ΔOMET... ΓEPMA。

反面：与 121 号硬币相同；周围刻有日期和铭文：ETO KΔ BA AΓPIΠΠ（第 24 年）。

硬币是铜制的，长 18 毫米，重 4.65 克。公元 80 年在恺撒利亚城铸造。

**129**

正面：图密善的头像朝右。周围刻有铭文：ΔOMIT KAICAP ΓEPMAN。

反面：花圈包围三行铭文：ETO/KΔBAA/ΓPIΠΠ（第 24 年）。

硬币是铜制的，长 19 毫米，重 7.72 克。公元 80 年在恺撒利亚城铸造，稀有。

**130**

正面：图密善的头像朝右。周围刻有铭文：ΔOM... KAIC...ΓEPM。

反面：有八个枝干和两串棕榈果的棕榈树；在空白处刻有日期和铭文：**ΔOM...KAIC...ΓEPM**（第25年）。

硬币是铜制的，长15.5毫米，重2.55克。公元81年在恺撒利亚城铸造，稀有。

**131**

正面：图密善的头像朝右。周围刻有铭文：**ΔOM...**

反面：一只羊角，在空白处刻有日期和铭文：**ET KE BA AΓ**（第25年）。

硬币是铜制的，长11毫米，重1.72克。公元81年在恺撒利亚城铸造。收藏于特拉维夫的J. Meyshan，稀有。

**132**

正面：图密善的头像朝右，周围刻有铭文：**ΔOMITIANOC KAICAP**。

反面：与121号硬币相同；周围刻有日期和铭文：**ETO KE AΓPIΠΠ**（第25年）。

硬币是铜制的，长19毫米，重6.59克。公元81年在恺撒利亚城铸造。收藏于耶路撒冷希伯来大学考古学研究所，稀有。

**133**

与130号硬币相同，但铭文顺序不同：**ET KE**（第25年）**BAC AΓP IΠ**。

参见马登：《犹太货币》，157页，10号硬币。

**134**

正面：图密善的头像朝右，周围刻有铭文：**...CAP ΔOMITIANOC**。

反面：与121号硬币相同；周围刻有日期和铭文：**ETO KS BA AΓPIΠΠA**（第26年）。

硬币是铜制的，长20毫米，重6.55克。公元82年在恺撒利亚城铸造。

**135**

正面：图密善的头像朝右，周围刻有铭文：**...KAICAP...**

反面：与 121 号硬币相同；周围刻有日期和铭文：ETO KZBA...ΠΠΑ（第 27 年）。

硬币是铜制的，长 19 毫米，重 5.15 克。公元 83 年在恺撒利亚城铸造。

**136**

正面：图密善的头像朝右。周围刻有铭文：ΔOMITIANOC KAICAP。

反面：双只羊角，交叉；在角之间、上方和下方刻有日期和铭文：BA [AΓ]PIΠΠA [ET]OKZ（第 27 年）。

硬币是铜制的，长 17 毫米，重 4.28 克。公元 83 年在恺撒利亚城铸造，非常稀有。

**137**

正面：图密善的头像朝右，周围刻有铭文：KAICAP ΔOMITIANOC。

反面：Nike（胜利女神）朝向右边，翅膀展开，在盾牌上写字；周围刻有日期和铭文：[E]T KΘ BA AΓPIΠΠA（第 29 年）。

硬币是铜制的，长 22 毫米，重 6.70 克。公元 85 年在恺撒利亚城铸造，稀有。

**138**

正面：图密善的头像朝右，周围刻有铭文：KAICAP ΓEPMANIK AVTOK。

反面：Nike（命运女神）朝向左边，左手拿着羊角，右手拿着大麦穗。在空白处刻有日期和铭文：ETOY KΘB[A] AΓPI ΠΠ[A]（第 29 年）。

硬币是铜制的，长 28 毫米，重 15.38 克。公元 85 年在恺撒利亚城铸造，非常稀有。

**139**

正面：图密善的头像朝右。周围刻有铭文：AVTOKPA...ΔOMITIAN...

反面：Nike（胜利女神）朝向右边，左脚放在头盔上休息，悬挂在棕桐树上的盾牌上写字；周围刻有日期和铭文：**[E]T ΘK BACIΛ ΑΓΡΙΠΠΑC**（第 29 年）。

硬币是铜制的，长 21 毫米，重 7.22 克。公元 85 年在恺撒利亚城铸造。收藏于 J. Meyshan，仅此一枚。

**140**

正面：图密善的头像朝右。周围刻有铭文（拉丁文！）：*IVI VESP F DOMETIAN AVG GER COS X*。

反面：方坛，在空白处刻有日期：**ET KE**（第 25 年）；在上面的弧形刻有铭文（拉丁文）：*SALVTI AVGVST*；在年月中，两个字母 SC。

硬币是铜制的，长 27.5 毫米，重 11.26 克。公元 86 年铸造，极其稀有。

**141**

正面：图密善的头像朝右。周围刻有铭文（拉丁文！）：*DOMITIAN AVG GER COS XII*。

反面：方坛，在空白处刻有日期 **ET KS**（第 26 年）；周围刻有铭文（拉丁文和希腊文）：*SALVTI/EΠI BA AΓΡ/AVGVS*。

硬币是铜制的，长 26 毫米，重 13.83 克。公元 87 年铸造，非常稀有。

**142**

正面：图密善的头像朝右。周围刻有铭文（拉丁文！）：*IM CA D VES F DOM AV GER COS XII*。

反面：在中心，两个拉丁字母 SC；上面有希腊文 **EΠI BA AΓΡI**；下面有日期 **ET KS**（第 26 年）。

硬币是铜制的，长 21 毫米，重 4.92 克。公元 87 年铸造。收藏于耶路撒冷以色列银行，稀有。

**142A**

和 142 号硬币一样，但在正面上带有标记（疑似 Nerva 的头像）。

硬币是铜制的，长 20 毫米，重 4.70 克。公元 87 年铸造，非常稀有。

**143**

正面：图密善的头像朝右。周围刻有铭文（拉丁文!）：...*VES F DOM AV GER COS XII*。

反面：两只羊角，交叉；在角之间有带翼的手杖；在空白处有日期：**ET KS**（第 26 年）；在上面的弧形，有希腊语铭文：**EΠI BA AΓP**；在年月中两个拉丁字母 *SC*。

硬币是铜制的，长 19 毫米，重 5.60 克。公元 87 年铸造，稀有。

**144**

正面：图密善的头像朝右。周围刻有铭文：...**ECAΓEP**...

反面：Tyche 朝左站立，左手拿着羊角，右手拿着大麦穗。在空白处有日期和铭文：**ETOY ΛΔ[BA] AΓPI ΠΠA**（第 34 年）。

硬币是铜制的，长 26 毫米，重 11.84 克。公元 90 年在恺撒利亚城铸造。收藏于耶路撒冷 E. Grosswirth，极其稀有。

**145**

正面；Tyche 的头像朝向右。在右边有铭文：**BA AΓP**。

反面：一只羊角；在空白处有日期：**ET ΛΔ**（第 34 年）。

硬币是铜制的，长 12 毫米，重 1.87 克。公元 90 年在恺撒利亚城铸造。

**146**

正面：图密善的头像朝右。周围刻有铭文：**AVTOKPA ΔOMITIA KAIC...ΓEP**。

反面：与 144 号硬币相同；在空白处有日期和铭文：**ETOY EΛBA AΓPI ΠΠA**（第 35 年）。

硬币是铜制的，长 26 毫米，重 15.74 克。公元 91 年在恺撒利亚城铸造，稀有。

**147**

正面：图密善的头像朝右。周围刻有铭文：**AVTOK ΔOM**。

反面：两行被花圈包围的日期和铭文：**BA AΓP/ET EΛ**（第 35年）。

硬币是铜制的，长 15 毫米，重 2.59 克。公元 91 年在恺撒利亚城铸造，非常稀有。

# 犹太人与罗马人之战时期

## （公元 66 年—公元 70 年）

**148**

正面：圣杯；在两边的边缘下有珍珠；上面是日期：**א**（第 1 年）；周围刻有铭文：**שקל ישראל**（以色列舍客勒）。

反面：茎上有三个果子（疑似石榴）；周围刻有铭文：**ירשלם קדשה**（耶路撒冷是神圣的）。

硬币为银制的，长 22.5 毫米，重 14.12 克。公元 66 年在耶路撒冷铸造。

**149**

正面：与 148 号硬币相同；周围刻有铭文：**חצי השקל**（半舍客勒）。

反面：与 148 号硬币相同。

银制半舍客勒，长 20 毫米，重 7.02 克。公元 66 年在耶路撒冷铸造。

**150**

正面：与 148 号硬币相同；周围刻有铭文：**רבע השקל**（四分之一舍客勒）。

反面：与 148 号硬币相同。

银制四分之一谢克尔，长 19 毫米；重 3.282 克。公元 66 年在耶路撒冷铸造。由美国人私人收藏，仅此一枚。

**151**

正面：圣杯，边上有九颗珍珠；上面是日期：**שב**（第 2 年）；周围刻有铭文：**שקל ישראל**。

反面：茎上有三个果子（疑似石榴）；周围刻有铭文：**ירושלים הקדושה**（耶路撒冷是神圣的）。

银制舍客勒，长 22 毫米，重 14.52 克。公元 67 年在耶路撒冷铸造。

**152**

正面：圣杯，边上有七颗珍珠；上面是日期：**ב ש**（第 2 年）；周围刻有铭文：**חצי השקל**。

反面：与 151 号硬币相同。

银制半舍客勒，长 18 毫米，重 6.94 克。公元 67 年在耶路撒冷铸造。

**153**

正面：双耳瓶，宽边和两个把手；周围刻有铭文：**שנת שתים**（第 2 年）。

反面：藤叶，小枝和卷须；周围刻有铭文：**חרת ציון**（锡安的自由）（有铭文写得完整：**חרות ציון**）。

硬币是铜制的，长 18 毫米，重 2.53 克。公元 67 年在耶路撒冷铸造。

**153A**

与 153 号硬币一样，但这是对阿格里帕一世的硬币再次铸造（见 88 号硬币）。犹太人对抗罗马人的战争的第 2 年和第 3 年的一些铜币是对之前流通硬币的再次铸造，例如对行政长官时期或阿格里帕一世时期的那些硬币的重铸。

硬币是铜制的，长 18 毫米，重 2.28 克。公元 67 年在耶路撒冷铸造，稀有。

**153B**

正面：粗糙风格的双耳瓶；周围刻有铭文：**תשלת...**。

反面：粗糙风格的藤叶；周围刻有铭文：**חרות ציון**。

这枚硬币的风格很粗糙。有一些这种类型的标本。

硬币是铜制的，长 17 毫米，重 2.78 克。公元 67 年在耶路撒冷铸造。收藏于耶路撒冷的 E. Grosswirth。

**154**

正面：圣杯，边上有九颗珍珠；上面是日期：ש ג（第 3 年）；周围刻有铭文：שקל ישראל。

反面：与 151 号硬币相同。

银制舍客勒，长 24 毫米，重 14.08 克。公元 68 年在耶路撒冷铸造。

**155**

正面：圣杯，边上有七颗珍珠；上面是日期：ש ג（第 3 年）；周围刻有铭文：חצי השקל。

反面：与 151 号硬币相同。

银制半舍客勒，长 18 毫米，重 6.98 克。公元 68 年在耶路撒冷铸造。

**156**

正面：双耳杯，宽边缘，有盖子和两个把手；周围刻有铭文：שנת שלש（第 3 年）。

反面：藤叶，小枝和卷须；周围刻有铭文：חרות ציון。

硬币是铜制的，长 16.5 毫米，重 2.54 克。公元 68 年在耶路撒冷铸造。

**157**

正面：双耳杯；周围刻有铭文：שג...לש（第 3 年）。

反面：藤叶与分枝。

硬币是铜制的，长 12 毫米，重 0.76 克。疑似公元 68 年在恺撒利亚城铸造。

**157A**

正面：双耳杯；周围刻有铭文：ש... של（疑似第 3 年）。

反面：藤叶，小枝和卷须；周围刻有铭文的痕迹。

硬币是铜制的，长 12 毫米，重 1.06 克。疑似公元 68 年在恺撒利亚城铸造。收藏于伦敦大英博物馆，稀有。

### 157B

正面：与 157 号硬币相同。

反面：命运女神的头像朝向右。

硬币是铜制的，长 12 毫米，重 0.68 克。收藏于海法 R. Hecht，非常稀有。

### 157C

正面：与 157 号硬币相同。

反面：皇帝的头像朝向右。

硬币是铜制的，长 13 毫米，重 0.82 克。收藏于海法 R. Hecht，非常稀有。

### 158

正面：圣杯，边上有九颗珍珠；上面是日期：ש ד（第 4 年）；周围刻有铭文：שקל ישראל。

反面：与 151 号硬币相同。

银制舍客勒，长 21.5 毫米，重 14.05 克。公元 69 年在耶路撒冷铸造，稀有。

### 158A（无照片）

与 158 号硬币相同，但是铜制的。长 22 毫米，重 16.38 克。现存于柏林博物馆，极其稀有。

### 159

正面：圣杯，边上有九颗珍珠；上面是日期：ש ד（第 4 年）；周围刻有铭文：חצי השקל。

反面：与 151 号硬币相同。

银制半舍客勒，长 17 毫米，重 6.98 克。公元 69 年在耶路撒冷铸造。现存于伦敦大英博物馆，极其稀有。

**160**

正面：三个棕榈枝，底部连在一起；在下面是弧形的铭文：**רבע השקל**（四分之一舍客勒）。

反面：在中心有被棕榈树枝环绕的日期 **ד**（第 4 年）。

银制四分之一舍客勒，长 16 毫米，重 3.33 克。公元 69 年在耶路撒冷铸造。现存于伦敦大英博物馆，仅此一枚。

**161**

正面：在中心有香橼；在两边都有棕榈枝、桃金娘和柳树捆在一起；周围刻有铭文：**שנת ארבע חצי**（第 4 年半）。

反面：棕榈树，有七个分枝和两束棕榈果；在两边，篮子里装满了水果；周围刻有铭文：**לגאלת ציון**（对锡安的救赎）。

硬币是铜制的，长 26 毫米，重 14.72 克。公元 69 年在耶路撒冷铸造，稀有。

**162**

正面：两个香橼，周围刻有铭文：**שנת ארבע רביע**（第 4 年 – 四分之一）。

反面：香橼；周围刻有铭文：**לגאלת ציון**。

硬币是铜制的，长 23 毫米，重 9.08 克。公元 69 年在耶路撒冷铸造。

**162A**

与 162 号硬币一样，但铸造得更小，这种第 4 年铸造的硬币面值也更小（见 163 号硬币）。

硬币是铜制的，长 20 毫米，重 5.55 克。公元 69 年在耶路撒冷铸造。收藏于耶路撒冷以色列政府钱币和奖牌公司，之前收藏于美国 L. Werner，仅此一枚。

**163**

正面：香橼两侧有棕榈枝、桃金娘和柳树，捆在一起，周围刻有铭文：**שנת ארבע**（第 4 年）。

反面：圣杯，边上有九颗珍珠；周围刻有铭文：לגאלת ציון。

这种硬币存在许多变体，尤其是关于圣杯及其边缘的形状。

硬币是铜制的，长 21 毫米，重 5.32 克。公元 69 年在耶路撒冷铸造。收藏于耶路撒冷以色列银行。

**163A**

与 163 号硬币一样，但做工粗糙，反面铭文是逆序的。

硬币是铜制的，长 19.5 毫米，重 5.12 克。公元 69 年铸造，稀有。

**164**

正面：圣杯，边上有九颗珍珠；上方刻有日期：שה（第 5 年）；周围刻有铭文：שקל ישראל。

反面：与 151 号硬币相同。

银制谢克尔，长 22 毫米，重 13.87 克。公元 70 年在耶路撒冷铸造。收藏于耶路撒冷 Rockefeller 博物馆，稀有。

# 巴尔·科赫巴战争时期

## （公元 132 年—公元 135 年）

## A. 日期为第 1 年的硬币（公元 132/133 年）

**165**

正面：耶路撒冷圣殿的正面；在中心，周围刻有铭文：ירושלם（耶路撒冷）。

反面：香橼；左侧有棕榈枝、桃金娘和柳树，捆在一起；周围刻有铭文：שנת אחת לגאלת ישראל（以色列的救赎第 1 年）。

这枚硬币是再次铸造的。

银制四德拉克马，长 27 毫米，重 14.81 克。收藏于耶路撒冷以色列银行，极其稀有。

**166**

正面：带把手的水壶；在右边有棕榈枝；周围刻有铭文：**אלעזר הכהן**（大祭司以利亚撒）。

反面：一串葡萄；周围刻有铭文：**שנת אחת לגאלת ישראל**。

银制便士，长 18 毫米，重 3.20 克。收藏于梵蒂冈 Feu Gregoire，极其稀有。

**167**

正面：与 166 号硬币相同。

反面：在花圈内刻有铭文：**שמ/ע**（西门）。

银色便士，长 19 毫米，重 3.17 克，非常稀有。

**168**

正面：双耳瓶有两个手柄；周围刻有铭文：**שנת אחת לגאלת ישראל**。

反面：花圈内刻有铭文：**ירו/שלם**。

硬币是铜制的，长 32 毫米，重 19.51 克。收藏于耶路撒冷以色列银行，非常稀有。

**169**

正面：与 168 号硬币相同。

反面：花圈内刻有铭文：**שמעון/נשיא/ישראל**（西门以色列王子）。

硬币是铜制的，长 30 毫米，重 21.70 克，稀有。

**169A**

与 169 号硬币相同，但体积减小了一半。有几个大型的青铜币可以追溯到巴克切巴战争时期，为了获得更小的面额，它们被故意切成两三块。

硬币是铜制的，长 26 毫米，重 13.22 克，收藏于耶路撒冷 H. A. Clark，Y. M. C. A.，稀有。

**170**

正面：棕榈树，有七个枝条和两串棕榈果；下面刻有铭文：**שמעון נשיא ישראל**（在这个铭文中一个字母 ש 是多余的）。

反面：藤叶；周围刻有铭文：שנת אחת לגאלת ישראל。

硬币是铜制的，长 25 毫米，重 14.72 克。

**170A**

正面：与 170 号硬币相同，但字母顺序不同，字母 אל 和 ישראל 被放置在铭文上方，在树的左边和右边。

反面：与 170 号硬币相同，但是叶子较小。

硬币是铜制的，长 27 毫米，重 18.19 克。收藏于耶路撒冷 D. Zuzovsky，稀有。

**171**

正面：棕榈树，有七个分枝和两束椰枣；下面刻有铭文：שמ[ע]。

反面：藤叶；周围刻有铭文：שנת אחת לגאלת ישראל。

硬币是铜制的，长 27 毫米，重 10.91 克。收藏于耶路撒冷 Yoav Sasson，稀有。

**172**

正面：棕榈枝被花圈包围；周围刻有铭文：שמעון נשיא ישראל。

反面：四弦竖琴；周围刻有铭文：ישראל שנת אחת לגאלת（某些样品上的弦数更多）。

硬币是铜制的，长 25 毫米，重 9.11 克，稀有。

**172A**

与 172 号硬币相同，但是风格更原始，在反面的铭文是反向的。

硬币是铜制的，长 21 毫米，重 8.21 克。收藏于耶路撒冷以色列政府钱币和奖牌公司，之前收藏于美国 L. Werner，非常稀有。

**173**

正面：棕榈树，有七个分枝和两串棕榈果；下面刻有铭文：אלע/זנר ה/כה (!)（大祭司以利亚撒）。

反面：一串葡萄；周围刻有铭文：שנת אחת לגאלת ישראל。

硬币是铜制的，长 19 毫米，重 4.48 克，稀有。

**174**

与 173 号硬币相同，但在正面的铭文是反向的。

硬币是铜制的，长 19 毫米，重 6.35 克。

**175**

正面：棕榈树，有七个分枝和两串棕榈果；下面刻有铭文：**ירו/שלם**。

反面：与 173 号硬币相同。

硬币是铜制的，长 19 毫米，重 3.43 克，非常稀有。

# B. 第 1 年和第 2 年混合硬币

**176**

正面：棕榈枝；周围刻有铭文：**שבלחר ישראל**。

反面：一串葡萄；周围刻有铭文：**שנת אחת לגאלת ישראל**。

银制便士，长 18 毫米，重 3.26 克。收藏于伦敦大英博物馆，非常稀有。

**177**

正面：三弦竖琴；周围刻有铭文：**ש[בל]חר ישראל**。

反面：与 176 号硬币相同。

银制便士（穿孔），长 18 毫米，重 2.77 克。收藏于伦敦大英博物馆，极其稀有。

# C. 日期为第 2 年的硬币（公元 133/134 年）

**178**

正面：耶路撒冷圣殿的正面；在中心，周围刻有铭文：**ירושלם**（与 165 号硬币相同）。

反面：香橼；左侧有棕榈枝、桃金娘和柳树，捆在一起。周围刻有铭文：**שבלחר ישראל**。

银制四德拉克马，长 24.5 毫米，重 14.63 克。收藏于特拉维夫 Y. Willinger，极其稀有。

**179**

正面：耶路撒冷圣殿的正面；在中心，周围刻有铭文：ירושלם；字母 ו 和字母 ש 之间有类似于星的物体；寺庙的台子由两条水平线组成，由十条垂直线连接。

反面：香橼；左侧有棕榈枝、桃金娘和柳树，捆在一起。周围刻有铭文：שבלחר ישראל。

银制四德拉克马，长 25.5 毫米，重 14.78 克。收藏于耶路撒冷 T. Kollek，极其稀有。

**180**

正面：耶路撒冷圣殿的正面；台子和 179 号硬币的相同；在中心，上面有星（疑似莲座丛）；在右面和左面有铭文：ירו/שלם。

反面：香橼；左侧有棕榈枝、桃金娘和柳树，捆在一起。周围刻有铭文：שבלחר ישראל。

银制四德拉克马，长 25 毫米，重 14.12 克，稀有。

**181**

正面：与 180 号硬币相同的寺庙；在左面和右面刻有铭文：שמ/עון。

反面：与 180 号硬币相同，但字母 ש 不同。

银制四德拉克马，长 30 毫米，重 15.15 克，稀有。

**182**

正面：花圈内刻有铭文：שמ/ע。

反面：两个小号；在小号之间刻有铭文：שבל א(?)ח ישר。

银制便士，长 19 毫米，重 3.44 克。收藏于伦敦大英博物馆，非常稀有。

**182A**

与 182 号硬币相同，但在正面上的字母位置不同。

银制便士，长 19 毫米，重 3.51 克。耶路撒冷私人收藏，非常稀有。

**183**

正面：花圈内刻有铭文：**שמ/ע**。

反面：带手柄的水壶；在右面有棕榈枝；周围刻有铭文：**שבלחר ישאל (!)**。

银制便士，长 19 毫米，重 3.43 克，稀有。

**184**

正面：与 183 号硬币相同。

反面：棕榈枝；周围刻有铭文：**שבלחר ישאל (!)**。

银制便士，长 20 毫米，重 3.18 克，稀有。

**184A**

正面：花圈内刻有铭文：**שמ/נעו**。

反面：棕榈枝；周围刻有铭文（它的字母与 184 号硬币的字母不同）：**שבלחר י[שראל]**。

这种设计的罗马便士是再次铸造的，能够很容易识别出是图拉真时期的一种。

银制便士，长 19 毫米，重 2.85 克，稀有。

**185**

正面：与 184A 号硬币相同。

反面：四弦竖琴；周围刻有铭文：**ישראל שבלחר**。

银制便士，长 19 毫米，重 3.04 克，稀有。

**186**

正面：激光，花圈内刻有铭文：**שמ/ע**（有时名称完全出现 **שמ/עון**）。

反面：三弦竖琴；周围刻有铭文：**ישראלשבלחר**。

银制便士，长 19 毫米，重 3.09 克。收藏于耶路撒冷以色列银行，非常稀有。

**187**

正面：一串葡萄；周围刻有铭文：**שמעון**。

反面：三弦竖琴；周围刻有铭文：שבלחר ישאל(!)。

银制便士，长 19 毫米，重 3. 25 克，稀有。

**188**

正面：与 187 号硬币相同。

反面：三弦竖琴；周围刻有铭文：ישראלשבלחר。

银制便士，长 20 毫米，重 3. 41 克，稀有。

**189**

正面：与 187 号硬币相同，但有不同的刻字风格。

反面：棕榈枝；周围刻有铭文：שבלחר ישאל(!)。

银制便士，长 20 毫米，重 3. 27 克，稀有。

**190**

正面：与 187 号硬币相同。

反面：带手柄的水壶；在右面有棕榈枝；周围刻有铭文：שבלחר ישראל。

银制便士，长 19 毫米，重 2. 86 克，稀有。

**190A**

正面：与 187 号硬币相同（罗马便士的痕迹可辨别）。

反面：与 190 号硬币相同。周围刻有铭文：שבלחר ישראל(!)。

银制便士，长 20 毫米，重 3. 12 克。收藏于耶路撒冷 T. Kollek，稀有。

**191**

正面：花圈内刻有铭文：ירו/שלם。

反面：双耳瓶有两个手柄；周围刻有铭文：ישראל שבלחר。

硬币是铜制的，长 30. 5 毫米，重 20. 15 克，稀有。

**192**

正面：花圈内刻有铭文：שמ/עון。

反面：与 191 号硬币相同。

硬币是铜制的，长 32 毫米，重 17. 38 克，非常稀有。

**193**

正面：棕榈枝被花环包围；周围刻有铭文：שמעון נשיא ישראל。

反面：四弦竖琴；周围刻有铭文：(!) ישאל שבלחר。

硬币是铜制的，长 22 毫米，重 5.67 克，非常稀有。

**194**

正面：棕榈枝被花环包围；周围刻有铭文：לחרות ירושלם。

反面：与 193 号硬币相同。

硬币是铜制的，长 21.5 毫米，重 6.55 克，稀有。

**195**

正面：棕榈树，有七个分枝和两串棕榈果；下面刻有铭文：שמע。

反面：藤叶；周围刻有铭文：(!) שבלחר ישאל。

这种硬币的变体很多，特别是关于字母的顺序和位置。

硬币是铜制的，长 25 毫米，重 10.75 克。

**196**

正面：棕榈树和铭文与 195 号硬币一样，但风格粗糙。

反面：藤叶；周围刻有铭文：ישראלשבלחר。

硬币是铜制的，长 25.5 毫米，重 10.75 克。

**197**

正面：棕榈树，有七个分枝和两串棕榈果；下面刻有铭文：אלע/זנרה/כהן (!)。

反面：一串葡萄；周围刻有铭文：שבלחר ישראל。

硬币是铜制的，长 17 毫米，重 5.27 克，收藏于耶路撒冷 Rockefeller 博物馆，极其稀有。

**198**

正面：棕榈树，有七个分枝和两串棕榈果；下面刻有铭文：ירו/שלם。

反面：一串葡萄；周围刻有铭文：שבלחר יש[ראל]。

硬币是铜制的，长 16.5 毫米，重 5.13 克。

# D. 没有日期划分为第 3 年的硬币（公元 134/135 年）

### 199

正面：耶路撒冷圣殿的正面；与 179 号硬币相同的台子；在中心，上方有玫瑰花；在右边和左边有铭文：שמ/עון。

反面：香橼；左侧有棕榈枝、桃金娘和柳树，捆在一起。周围刻有铭文：לחרות ירושלם。

银制四德拉克马，长 26 毫米，重 14. 22 克。

### 199A

与 199 号硬币相同，但是风格极其粗糙（虽然巴克切巴战争时期的铜币的风格通常是粗糙的，但银币很少这样）。

银制四德拉克马，长 25 毫米，重 12.70 克。收藏于耶路撒冷以色列政府钱币和奖章公司，之前收藏于美国 L. Werner，非常稀有。

### 200

与 199 号硬币相同，但在硬币的反面没有香橼，有棕榈枝、桃金娘和柳树。

银制四德拉克马，长 25 毫米，重 14.77 克，非常稀有。

### 201

正面：与 199 号硬币相同的圣殿，但在上面是波浪线而不是玫瑰花；在右边和左边有铭文：שמ/עון。

反面：与 199 号硬币相同。

银制四德拉克马，长 26 毫米，重 13.90 克。

### 202

正面：在花圈内刻有铭文：שמ/עון（可看出罗马便士的痕迹）。

反面：带手柄的水壶；在右面有棕榈枝；周围刻有铭文：לחרות ירושלם；罗马便士拉丁语铭文的痕迹：*GER DAC*。

银制便士，长 19. 5 毫米，重 3. 10 克。

**202A**

与 202 号硬币相同，但水壶右边没有棕榈枝，可看出罗马便士铭文的痕迹。

银制便士，长 20 毫米，重 3.03 克。

**203**

正面：花圈内刻有铭文：שמ/נעו (!)。

反面：两只羊角，它们之间有珍珠；周围刻有铭文：לחרות ירושלם。

银制便士，长 18 毫米，重 3.46 克。

**204**

正面：花圈内刻有铭文：שמ/נעו (!)；上面有罗马便士拉丁文铭文的痕迹：*NER TRAI*。

反面：棕榈枝；周围刻有铭文：לחרות ירושלם；可见拉丁语铭文痕迹。

银制便士，长 18.5 毫米，重 3.17 克。

**205**

正面：与 204 号硬币相同；下面是图拉真的头像和拉丁文的痕迹：*GER P M TR*。

反面：三弦竖琴；周围刻有铭文：[לם]לחרות ירוש。

银制便士，长 20 毫米，重 3.18 克。

**206**

正面：一串葡萄；周围刻有铭文：שמעון。

反面：棕榈枝；周围刻有铭文：לחרות ירושלם。

银制便士，长 19 毫米，重 3.56 克。

**207**

正面：与 206 号硬币相同。

反面：带手柄的水壶；在右面有棕榈枝；周围刻有铭文：לחרות ירושלם。

银制便士，长 19 毫米，重 3.21 克。

**208**

正面：与 206 号硬币相同。有拉丁语铭文的痕迹：*IMP TR...*

反面：两只羊角，它们之间有珍珠；周围刻有铭文：**לחרות ירושלם**；在右边刻有拉丁文铭文的痕迹：*...PQRO...*

银制便士，长 19 毫米，重 3.42 克。

**209**

正面：与 206 号硬币相同。

反面：三弦竖琴；周围刻有铭文：**לחרות ירושלם**。

银制便士，长 21 毫米，重 3.43 克。

**209A**

与 209 号硬币相同，在正面能够清晰见到罗马便士上图拉真的头像朝右。上面刻有再次铸造的拉丁语铭文。

银制便士，长 17 毫米，重 3.64 克。收藏于耶路撒冷希伯来大学考古学研究所。

**209B**

正面：一串粗糙风格的葡萄；周围刻有铭文：**שמעו**。

反面：四弦竖琴，风格粗糙原始，周围刻有粗糙的铭文：**...ירושלם**

银制便士，长 19 毫米，重 2.82 克。收藏于耶路撒冷以色列政府钱币和奖章公司，之前收藏于美国 L. Werner，稀有。

**209C**

与 209 号硬币相同，但是竖琴更窄更小（如 185 号硬币）。

银制便士，长 19 毫米，重 3.57 克。耶路撒冷私人收藏。

**210**

正面：棕榈树，有七个分枝和两串棕榈果；下面刻有铭文：**[שמעו[ן**。

反面：藤叶；周围刻有铭文：**[לחרות] ירושל[ם]**。

这枚硬币被铸造得很大，这种类型通常用于其他硬币，例如 191 号硬币。

硬币是铜制的，长 29 毫米，重 21.70 克，非常稀有。

**211**

正面：棕榈树，有七个分枝和两串棕榈果；下面刻有铭文：שמעו[ן]。

反面：藤叶；周围刻有铭文：לחרות ירושלם。

硬币是铜制的，长 25 毫米，重 9. 71 克。

**211A**

与 211 号硬币相同，除了能够看到在公元 131 年铸造的哈德图硬币的痕迹。

正面：当硬币倒置时，可以看到哈德图头像的后半部分和王冠，以及铭文：KAITPA（完整铭文：AVTKAITPA ΑΔΡΙΑΝΟC）。

背面：在藤叶的右边，可见腓尼基字母 𐤌，这是加沙的标记，也是加沙硬币上铭文和日期的一部分：ΕΠΙ Βϙ[Ρ]（加沙时代的 192 年）。

见 G. F. 伊尔，巴勒斯坦，加沙，29 号 – 35 号硬币。

硬币是铜制的，长 27 毫米，重 11. 10 克。收藏于耶路撒冷罗马教皇圣经研究所。

**211B**

与 211 号硬币相同，但硬币被铸造过两次以上，一个图像是罗马皇帝的头像（颠倒），另一个在中心的图像是罗马数字 X，指的是第十罗马军团。

硬币是铜制的，长 25 毫米，重 9. 11 克，收藏于耶路撒冷 M. 罗桑伯格，稀有。

**211C**

与 211 号硬币相同，但风格更粗糙，正面在树下面有反向的铭文 ועמש，反面有铭文分散在藤蔓叶上。

**212**

正面：三弦竖琴；周围刻有铭文：שמעון。

反面：棕榈枝被花圈包围；周围刻有铭文：לחרות ירושלם。

硬币是铜制的，长 23 毫米，重 7. 55 克。

**213**

正面：棕榈树，有七个分支和两串棕榈果；下面刻有铭文：
**אלע/ז גרה/כה** (!)。

反面：一串葡萄；周围刻有铭文：**לחרות ירוש[לם]**。

硬币是铜制的，长 19 毫米，重 4.92 克，稀有。

**214**

正面：棕榈树，有七个分枝和两串棕榈果；下面刻有铭文：**ירו/שלם**。

反面：与 213 号硬币相同。

硬币是铜制的，长 16 毫米，重 5.12 克。

**215**

正面：棕榈树，有七个分枝和棕榈果；下面刻有铭文：**שמעון**。

反面：与 213 号硬币相同。

硬币是铜制的，长 21.5 毫米，重 6.86 克。

# 罗马行政长官治理时期的硬币

## 1. 康伯纽斯时期
### （公元 6 年—公元 9 年）

**216**

正面：大麦穗朝向右；周围刻有铭文：**KAICAPOC**。

反面：棕榈树，有八个分枝和两串棕榈果；日期：**LΛS**（第 36 年）。

硬币是铜制的，长 17 毫米，重 2.52 克。公元 6 年铸造。

## 2. 安布鲁斯时期
### （公元 9 年—公元 12 年）

**217**

正面：与 216 号硬币相同。

反面：棕榈树，有八个分枝和两串棕榈果；以下刻有日期：**LΛΘ**（第 39 年）。

硬币是铜制的，长 16 毫米，重 2.11 克。公元 9 年铸造。

**218**

与 217 号硬币相同，但有日期：LM（第 40 年）。

硬币是铜制的，长 16 毫米，重 1.76 克。公元 10 年铸造。

**219**

与 217 号硬币相同，但有日期：LMA（第 41 年）。

硬币是铜制的，长 18 毫米，重 2.46 克。公元 11 年铸造。

## 3. 瓦勒利乌斯·格拉图斯时期
### （公元 15 年—公元 26 年）

**220**

正面：花圈内刻有铭文：KAI ／ CAP。

反面：两只羊角；它们之间刻有铭文和日期：TIB ／ LB（第 2 年）。

硬币是铜制的，长 17 毫米，重 2.57 克。公元 15 年铸造，稀有。

**221**

正面：花圈内刻有铭文：**IOV/ΛIA**。

反面：枝干有九片叶子（疑似桃金娘）；空白处有日期：LB（第 2 年）。

硬币是铜制的，长 17 毫米，重 2.01 克。公元 15 年铸造。收藏于哥本哈根丹麦国家博物馆。

**221A**

与 221 号硬币相同，但在正面有不同的铭文：KAI／CAP。

硬币是铜制的，长 16 毫米，重 1.60 克。收藏于耶路撒冷罗马教皇圣经研究所，非常稀有。

**222**

正面：花圈内刻有铭文：KAI／CAP。

反面：有两只羊角交叉，它们之间有手杖；上面刻有铭文：TIBE-PIOY；空白处刻有日期：LΓ（第 3 年）。

硬币是铜制的，长 15 毫米，重 1.58 克。公元 16 年铸造。

**222A**

与 222 号硬币相同，但在反面铭文中有错误：TIBEIPOY。

这个错误，其中字母 I 和 P 被转置，发生在提比略下的几乎所有检察官的硬币上。在模子上雕刻这两个字母是相似的，体现了错误和字母的转换。

硬币是铜制的，长 16 毫米，重 2.00 克。公元 16 年铸造。

**223**

正面：花圈内刻有铭文：**IOY／ΛIA**。

反面：三个百合花，从两片弯曲的叶子之间开出；空白处刻有日期：**LΓ**（第 3 年）。

硬币是铜制的，长 17 毫米，重 2.31 克。公元 16 年铸造。由特拉维夫私人收藏。

**223A**

与 223 号硬币相同，但在正面有不同的铭文：KAI／CAP。

这枚硬币是 222 号硬币和 223 号硬币类型的组合。

硬币是铜制的，长 16 毫米，重 1.98 克。收藏于 M. Yafeh，Yif' at。

**224**

正面：藤枝、叶、小串葡萄和卷须；上面刻有铭文：**IOYΛIA**。

反面：双耳瓶有两个手柄；在空白处刻有日期：**LΔ**（第 4 年）。

硬币是铜制的，长 18 毫米，重 2.18 克。公元 17 年铸造。

### 225

正面：藤叶、小枝和卷须；上面刻有铭文：**TIBEIPOY(!)**。

这个铭文通常正确的形式为：TIBEPIOY。

反面：康塔罗斯酒杯，有两个手柄和盖子；在空白处刻有日期：**LΔ**（第 4 年），上面刻有铭文：KAICAP。

硬币是铜制的，长 15 毫米，重 1.78 克。公元 17 年铸造。收藏于耶路撒冷 H. A. Clark，Y. M. C. A.。

### 226

正面：花圈内刻有铭文：TIB/KAI/CAP。

反面：棕榈枝，尖端弯曲朝向右。在空白处刻有铭文和日期：**IOV ΛIA L Δ**（第 4 年）。

硬币是铜制的，长 16 毫米，重 2.13 克。公元 17 年铸造。由特拉维夫私人收藏。

### 227

与 226 号硬币相同，但日期不同：LE（第 5 年）。

硬币是铜制的，长 15 毫米，重 1.86 克。公元 18 年铸造。

### 227A

与 227 号硬币相同，但风格有点粗糙，花圈颠倒。

硬币是铜制的，长 18 毫米，重 2.35 克。公元 18 年铸造。

### 228

与 226 号硬币相同，但日期不同：LIA（第 11 年）。

硬币是铜制的，长 16 毫米，重 2.15 克。公元 24 年铸造。

# 4. 本丢·彼拉多时期
## (公元 26 年—公元 36 年)

**229**

正面：三枝大麦穗，由茎捆在一起，两枝穗下垂；周围刻有铭文：ΙΟΥΛΙΑ ΚΑΙCΑΡΟC。

反面：长柄容器；周围刻有铭文和日期：TIBEPIOY KAICAPOC LIS（第 16 年）。

硬币是铜制的，长 16 毫米，重 2.15 克。公元 29 年铸造。

**229A**

与 229 号硬币相同，除了包含字母 CII 侧面的棕榈树枝的标记。标记的轴与硬币的轴相反。

硬币是铜制的，长 16 毫米，重 2.12 克。收藏于耶路撒冷 Flagellation 博物馆，仅此一枚。

**230**

正面：Lituus；周围刻有铭文：TIBEPIOY KAICAPOC。

反面：花圈内刻有日期：LIZ（第 17 年）。

硬币是铜制的，长 17 毫米，重 2.55 克。公元 30 年铸造。

**230A**

与 230 号硬币相同，但日期相反 Z（没有理由假设第 6 年的意思）。

硬币是铜制的，长 16 毫米，重 2.03 克。收藏于耶路撒冷 D. Zuzovsky。

**230B**

与 230 号硬币相同，但是第二次铸造，所以 Lituus 有一个双弯曲。

这种类型的本丢·彼拉多硬币制作中经常出现技术错误，标本较粗糙。

硬币是铜制的，长 16 毫米，重 2.41 克。公元 30 年铸造。

**231**

正面：Lituus；周围刻有铭文：TIBEPIOY KAICAPOC。

反面：花圈刻有日期：LIH（第 18 年）。

硬币是铜制的，长 15 毫米，重 1.72 克。公元 31 年铸造。

**231A**

与 231 号硬币相同。但是，仍然在其上连接了条带的端部，该条带在模具中连接了翼片。从这个样本中可以看出，他们用一个连续的条带敲击它们，之后将它们分开，如下图所示。

硬币是铜制的，长 38 毫米，重 9.045 克。收藏于耶路撒冷希伯来大学考古学研究所，仅此一枚。

## 5. 安东尼厄斯·费利克斯时期

### （公元 52 年—公元 60 年）

**232**

正面：花圈内刻有铭文：**IOY/ΛIAAΓ/PIΠΠI/NA**。

反面：两个棕榈枝交叉；它们之间刻有日期：**LIΔ**（第 14 年）；周围刻有铭文：**TI ΚΛΑVΔIOCΚAICAP ΓEPM**。

硬币是铜制的，长 19 毫米，重 3.35 克。公元 54 年铸造。

**233**

正面：两个盾牌和两个长矛交叉；周围刻有铭文：**[N]EPW KΛAV KA[ICAP]**。

反面：棕榈树，有六个分枝和两束棕榈果；在空白处刻有日期：**LIΔ**（第 14 年）；上面和下面刻有铭文：**BPIT/KAI**。

硬币是铜制的，长 18 毫米，重 2.95 克。公元 54 年铸造。

**234**

正面：花圈内刻有铭文：**NEP/WNO/C**。

反面：棕榈树枝；周围刻有日期和铭文：**LE KA1CA POC**（第 5 年）。

硬币是铜制的，长 17 毫米，重 2.40 克。公元 58 年铸造。

**行政长官时期硬币上的日期**

1. 康伯纽斯和安布鲁斯硬币的日期符合奥古斯都在位年份，始于公元前 30 年。

2. 在瓦勒利乌斯·格拉图斯和本丢·彼拉多的硬币上的那些是根据提比略的统治年份，从公元 14 年开始。

3. 安东尼厄斯·费利克斯的硬币日期如下：232 号硬币和 233 号硬币是根据克劳多斯在位年份，它始于公元 4 年；234 号硬币是根据尼禄的统治年份，始于公元 54 年。

# 犹太法币（Judaea Capta）

## 1. 维斯帕克时期
### （公元 69 年—公元 79 年）

**235**

正面：维斯帕克的头像朝向右；周围刻有铭文：**ΑVΤΟΚΡΟΝΕΣΠ ΚΑΙ ΣΕΒ**。

反面：Nike（胜利女神）朝右站立，左脚踏在头盔上，右手在悬挂在棕榈树上的盾牌上写字；周围刻有铭文：**ΙΟVΔΑΙΑΣ ΕΑΛWΚVΙΑΣ**。

硬币是铜制的，长 21 毫米，重 5.52 克，非常稀有。

## 2. 提图斯时期
### （公元 70 年—公元 81 年）

**236**

正面：提图斯的头像朝右；周围刻有铭文：ΑVΤΟΚΡ ΤΙΤΟC ΚΑΙCΑΡ。

反面：Nike（胜利女神）朝右站立，左脚踏在头盔上，右手在悬挂在棕榈树上的盾牌上写字；在盾牌上有三行铭文：AVTOKP/T/KA-ICAP；周围刻有铭文：**ΙΟΥΔΑΙΑΣ ΕΑΛѠΚVΙΑΣ**。

这枚硬币是其中少数可以看清盾牌上铭文的硬币。

硬币是铜制的，长22毫米，重8.18克。收藏于耶路撒冷 Yoav Sasson。

**237**

正面：提图斯的头像朝右；周围刻有铭文：**ΚΑΙΣΑΡ...**

反面：Nike（胜利女神）朝右站立，在依靠她膝盖的盾牌上写字；右面有棕榈树；周围刻有铭文：**ΙΟΥΔΑΙΑΣΕΑΛѠΚVΙΑΣ**。

硬币是铜制的，长21毫米，重7.82克。

**238**

正面：与236号硬币相同。

反面：特罗菲；在他的脚下，犹太妇女坐着哀悼，她的双手紧合在身后（有时是坐着的男人的身影）；右面是盾牌；周围刻有铭文：**ΙΟΥΔΑΙΑΣ ΕΑΛѠΚΥΙΑΣ**。

硬币是铜制的，长24毫米，重11.65克。

## 3. 图密善在恺撒利亚铸造的硬币
## 继续使用的犹太币（Judaea Capta）
### （公元81年—公元96年）

**239**

正面：图密善的头像朝向右；周围刻有铭文：*IMP CAES DOMIT AVG GERM PM TRP XI*。

反面：棕榈树，有七个分枝和两束棕榈果；周围刻有铭文：*IMP XXI COS XVI CENS PPP*。

硬币是铜制的，长28毫米，重14.65克。收藏于耶路撒冷

E. Grosswirth。

**240**

正面：图密善的头像朝向右；周围刻有铭文：*IMP CAES DO MIT
AVG GERM TR P XII*。

反面：Nike（胜利女神）朝左站立，右手举着花圈，左手举着奖
杯。周围刻有铭文：*IMP XXII COS XVI CENSPPP*。

硬币是铜制的，长 24 毫米，重 13.12 克。收藏于耶路撒冷希伯来
大学考古学研究所。

**241**

正面：图密善的头像朝向右；周围刻有铭文：*IMP DOM1TIANVS*。

反面：Nike（胜利女神）朝左站立，右手举着花圈，左手举着
奖杯。

硬币是铜制的，长 20 毫米，重 5.72 克。

**242**

正面：图密善的头像朝向右；周围刻有铭文：*DOMITIANVS CAES
AVG GERMAN* [1*CVS*]。

反面：Minerva（智慧女神）站在船上朝向右，左手拿着盾牌，右
手拿着矛；左边有奖杯；右边有棕榈枝。在 Minerva（智慧女神）和奖
杯之间有小猫头鹰。

硬币是铜制的，长 28.5 毫米，重 16.30 克。

**242A**

与 242 号硬币相同，但没有猫头鹰。

硬币是铜制的，长 26 毫米，重 15.29 克，收藏于 M. Rudolph，非
常稀有。

**243**

正面：图密善的头像朝向左；周围刻有铭文：*DOMITIANVS CAES
AVG GERMANICVS*。

反面：Minerva（智慧女神）朝左站立，右手举着奖杯，左手拿着

盾和矛。

硬币是铜制的，长 23 毫米，重 10.28 克。

**244**

正面：图密善的头像朝向右。周围刻有铭文：*IMP DO MIT AVG GERM*。

反面：奖杯；周围刻有铭文：*VICTORIA AVG*。

硬币是铜制的，长 19 毫米，重 5.82 克。收藏于耶路撒冷 E. Grosswirth。

**245**

正面：图密善的头像朝向右。周围刻有铭文：［*DO*］*MITIANVS CAESAR DIVI F AV*。

反面：Nike（胜利女神）朝左站立，右手举着花圈；周围刻有铭文：*VICTORIA AVG*。

硬币是铜制的，长 25 毫米，重 15.22 克，非常稀有。

**246**

正面：图密善的头像朝向右。周围刻有铭文：*IMP DOMITIANVS CAESAR DIVI F AV*。

反面：罗马士兵站立，右手拿着矛，左手拿着不确定的物体；周围刻有铭文：*DIVO F AVG*（*DIVOS AVG?*）。

硬币是铜制的，长 24 毫米，重 16.12 克。收藏于耶路撒冷希伯来大学考古学研究所，非常稀有。

x

1

1A

2

3

4

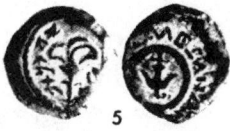

5　　　　　5A　　　　　6

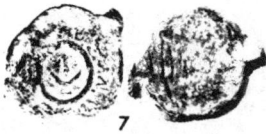

7　　　　　7A

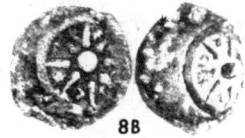

8　　　　8A　　　　8B

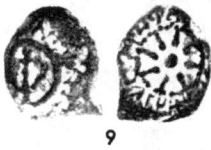
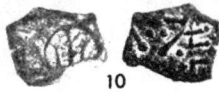
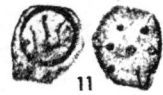

9　　　　10　　　　11

12　　　　13

14

15

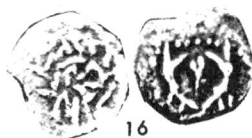
16

17

17A

18

18A

19

20

20A

21

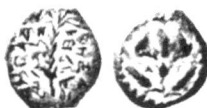
21A

22

23

24

25

26

27

28

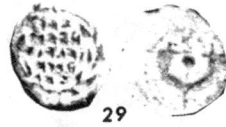
29

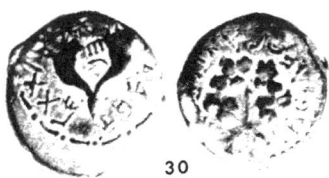

30

31

32

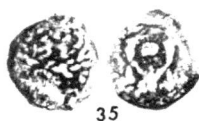

33

34

35

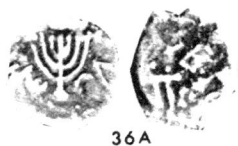

36

36A

37

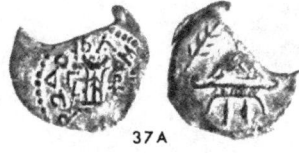

37A

38

39

40

41

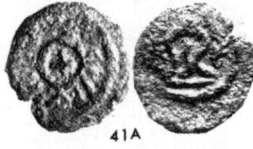

41A

42

43

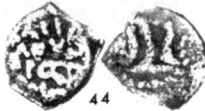

44

45

46

47

48

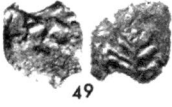

49

50

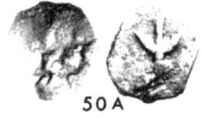

50 A

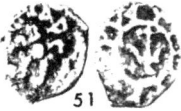

51

52

53

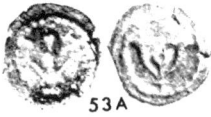

53 A

53 B

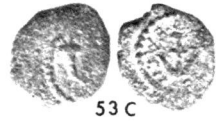

53 C

54

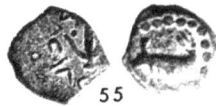

55

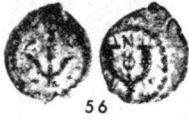
56

56A

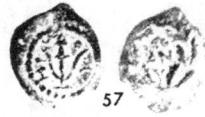
57

58

58A

59

59A

59B

60

60A

61

61A

61B

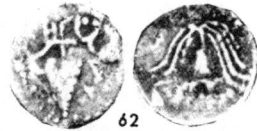
62

63

64

65

66

67

67 A

68

69

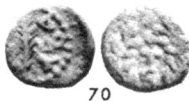

70

71

72

72 A

73

74

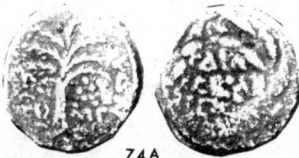

74A

75

76

77

77A

78

78A

85

86

87

88

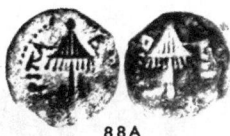

88A

88B

89

89A

90

91

92

93

93A

93B

94

95

96

97

98

99

100

101

102

103

104

105

105A

106

107

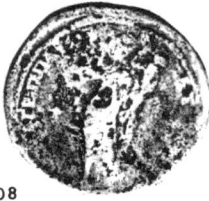

108

109

110

111

112

114

.115

116

117

118

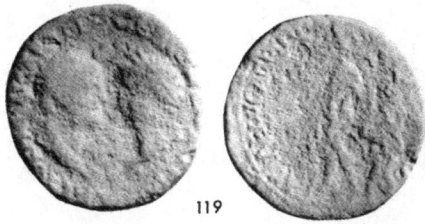

119

120

120A

122

123

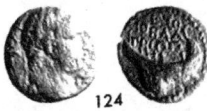

124

125

126

127

128

129

130

131

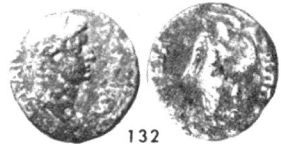

132

134

135

136

137

138

139

140

141

142

142A

143

144

145

146

147

148

149

150

151

152

153

153A

153B

154

155

156

157

157A

157B

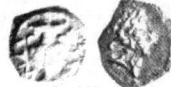

157C

158

159

160

161

162

162A

163

163A

164

165

166

167

168

169

169A

170

170A

171

172

172A

173

174

175

176

177

178

179

180

181

182

182A

183

184

184A

185

186

187

188

189

190

190A

191　　　　　　　　　　192

193　　　　　　　　　194

195　　　　　　　　　196

197　　　　　　　198

199

199A

200

201

202

202A

203

204

205

206

207

208

209

209A

209B

209C

210

211

211A

211B

211C

212

213

214

215

216

217

218

219

220

221

221A

222

222A

223

223A

224

225

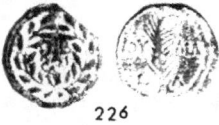

226

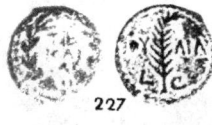

227

227A

228

229

229A

230

230A

230B

231

231A

232

233

234

235

236

237

238

239

240

241

242 242A

243

244

245

246

# 译者附录

## 一、年表

公元前 2000 年

希伯来人游牧于阿拉伯半岛（大约在近代的伊拉克地区）。

公元前 1800 年

希伯来人进入迦南（大约在近代的巴勒斯坦地区）。

公元前 1700 年至公元前 1600 年

希伯来人迁徙到埃及。

公元前 1250 年前后

摩西带领希伯来人逃出埃及，返回迦南。

公元前 1250 年至公元前 1030 年

士师时代。士师类似于酋长。士师在和平时期管理居民，在战争时期管理军队。

公元前 1030 年至公元前 1009 年

扫罗王在位。

公元前 1009 年至公元前 973 年

大卫王在位，于公元前 1000 年定都耶路撒冷。

公元前 973 年至公元前 930 年

所罗门王在位，于公元前 956 年修建"第一圣殿"。

公元前 930 年

希伯来王国分裂为北部的以色列王国和南部的犹太王国。

公元前 722 年

亚述王萨尔贡二世占领撒玛利亚，以色列王国灭亡。

公元前 586 年

新巴比伦王尼布甲尼撒二世攻陷耶路撒冷，圣殿被毁，犹大王国
灭亡。

公元前 538 年

波斯皇帝居鲁士征服巴比伦，允许被放逐的犹太人回到耶路撒冷，
重建圣殿，第二圣殿时期开始。

公元前 332 年

亚历山大征服耶路撒冷，犹太人开始处于两大希腊化王国——托勒
密和塞琉古之间，受埃及的托勒密王朝控制。

公元前 283 年至公元前 246 年

托勒密二世送给耶路撒冷圣殿大量珍贵礼物和祭祀容器，并请耶路
撒冷的长老为他翻译《圣经》，这就是后人所熟悉的《圣经·旧约》的
希腊文版本。此时，犹太地的居民采用内部自治的组织机构，其中最主
要的机构是长老会、大祭司、人民大会。

公元前 198 年

塞琉古王朝取得了对耶路撒冷的控制权，犹太的统治者从埃及的托
勒密王朝变为叙利亚的塞琉古王朝。

公元前 166 年

哈斯摩尼人马卡比起义，塞琉古派出军队镇压。

公元前 164 年

马卡比率军打败塞琉古的军队，取得了对耶路撒冷的控制，重建
圣殿。

公元前 141 年

哈斯摩尼人基本控制了耶路撒冷及周边的整个犹地亚地区，摆脱了

塞琉古的统治，击败了反对势力，实现了民族独立。

公元前 135 年

马卡比家族的领导人西门被刺身亡，人民大会决定由西门的后嗣——约翰·西卡努斯继承最高军事统帅和大祭司的职位。自此，一切决定都由犹太人经过决议独立做出，塞琉古已不能对犹太施加任何影响。

公元前 103 年

约翰·西卡努斯的继承人约翰·阿里斯托布鲁斯去世。亚历山大·詹尼亚斯即位。

公元前 76 年

亚历山大·詹尼亚斯去世。皇后撒罗米·亚历山德拉成为统治者。她死后，她的儿子犹大·阿里斯托布鲁斯二世与哥哥约翰·西卡努斯二世为争夺权力而展开内战。

公元前 63 年

庞培进攻耶路撒冷并占领圣殿山，约翰·阿里斯托布鲁斯二世向罗马臣服。

公元前 47 年

恺撒授予约翰·西卡努斯二世行政长官的职务。约翰·西卡努斯二世的臣子安提帕特对罗马人比较忠诚，逐步掌握了哈斯摩尼王朝的权力。安提帕特任命大儿子法赛尔统治耶路撒冷，小儿子希律统治加利利。

公元前 40 年

约翰·阿里斯托布鲁斯二世之子安提柯进攻耶路撒冷，法赛尔和约翰·西卡努斯二世都被俘获。安提柯成为国王。希律逃走，到了罗马。他获得了罗马皇帝的信任，并被任命为犹地亚的国王。

公元前 37 年

希律的军队占领了耶路撒冷，安提柯被斩首。

公元前 4 年

希律去世。屋大维按照希律的遗嘱将犹太王国分给希律的三个儿子：阿基劳斯、安提帕斯和菲利普。

公元 6 年

罗马收到民众对阿基劳斯的投诉，便将阿基劳斯放逐出境，任命罗马人为犹地亚的行政长官。犹太人与罗马行政长官也不能融洽相处。基督教开始传播。

公元 41 年

克劳狄成为罗马皇帝，任命希律的孙子亚基帕一世为整个以色列地区的国王。

公元 66 年

爆发了犹太人民反抗罗马统治的战争。

公元 115 年

又一次爆发了犹太人民反抗罗马统治的战争。罗马皇帝哈德良派军队对犹太人民进行了残酷的镇压。

公元 132 年

巴尔·科赫巴领导的起义爆发。

公元 135 年

犹太人反抗罗马的起义完全失败，"大流散"时期开始。

## 二、货币史大事记

| 王朝 | 时间 | 大事纪要 |
|---|---|---|
| 犹大王国 | 公元前 6 世纪 | 波斯入主 |
| 波斯统治及希腊统治 | 公元前 5 世纪到公元前 4 世纪 | 波斯大流士金币及希腊德拉克马银币，均未见在巴勒斯坦地区出土。犹大行省自治政权在波斯统治者同意的情况下铸造"耶胡德"货币 |
| 哈斯摩尼王朝 | 公元前 141 年 | 哈斯摩尼王朝建立 |
| 哈斯摩尼王朝 | 公元前 103 年 | 亚历山大·詹尼亚斯首次发行犹太人自己的货币 |
| 哈斯摩尼王朝 | 公元前 67 年—公元前 63 年 | 约翰·西卡努斯二世，紧接着是犹大·阿里斯托布鲁斯相继各自发行了货币 |

续表

| 王朝 | 时间 | 大事纪要 |
|---|---|---|
| 哈斯摩尼王朝 | 公元前 40 年—<br>公元前 37 年 | 哈斯摩尼王朝末代国王玛他提亚·安提柯发行货币 |
| 希律王朝 | 公元前 37 年—<br>公元 66 年 | 希律取得犹太王权，发行的货币使用希腊文字，用词单调 |
| 犹太反抗罗马时期 | 公元 66 年—<br>公元 77 年 | 犹太人发行四分之一谢克尔银币 |
| 巴尔·科赫巴战争<br>时期 | 公元 132 年—<br>公元 135 年 | 发行了带有起义口号币文的货币 |

## 三、专业词汇表

| 中文 | 外文 | 说明 |
|---|---|---|
| 普鲁塔 | prutah | 铜币，兑 2 雷普顿 |
| 雷普顿 | lepton | 铜币 |
| 谢克尔 | shekel | 银币，兑 16 普鲁塔 |
| 塞拉 | sela | 谢克尔银币，相当于四德拉克马 |
| 苏兹 | zuz | 银币，相当于狄纳里 |